儿童教育
心理学

（奥）阿弗雷德·阿德勒 /著
邢思存 /译

天津出版传媒集团
天津科学技术出版社

图书在版编目（CIP）数据

儿童教育心理学/（奥）阿弗雷德·阿德勒著；邢思存译. -- 天津：天津科学技术出版社，2021.1（2021.3重印）
 ISBN 978-7-5576-8677-2

Ⅰ.①儿… Ⅱ.①阿… ②邢… Ⅲ.①儿童心理学－教育心理学 Ⅳ.① G44

中国版本图书馆 CIP 数据核字（2020）第 173028 号

儿童教育心理学
ERTONG JIAOYU XINLIXUE

策　划　人：	杨　譞
责任编辑：	刘丽燕
责任印制：	兰　毅
出　　版：	天津出版传媒集团 天津科学技术出版社
地　　址：	天津市西康路 35 号
邮　　编：	300051
电　　话：	（022）23332490
网　　址：	www.tjkjcbs.com.cn
发　　行：	新华书店经销
印　　刷：	三河市恒升印装有限公司

开本 880×1 230　1/32　印张 7.5　字数 185 000
2021 年 3 月第 1 版第 2 次印刷
定价：38.00 元

译者序

社会生活水平的逐步提高，加上教育理念的日渐普及，使越来越多的人意识到了教育的重大意义。人们对"优质教育"的认识，也从单纯的"考高分、上名校"，变成了"全面发展、身心健康"。

教育最好能从娃娃开始抓起。不管在哪个国家，受哪种文化熏陶，被何种宗教影响，这都是为人们所公认的真理，儿童教育的重要性也因此与日俱增。为了让孩子能够接受优质的儿童教育，不少家长不惜重金买学区房，抢重点学校的指标，请金牌名师一对一辅导，为孩子量身定制学习计划……当然，其中不乏成功的案例，一部分家长确实由此实现了"望子成龙，望女成凤"的愿望。但与此同时，也有更多的家长不仅没有因此收获任何可喜的成果，还引发了家长与孩子之间的重重矛盾，最终让家长伤心、老师惋惜、孩子委屈。

儿童教育其实是一项非常系统的工程。家长竭尽全力地为孩子创造良好的教育条件，这只是做好儿童教育工作的一小部分。家长的陪伴、孩子良好习惯的养成、老师的督促与引导、老师与家长之间的关系、家庭氛围的营造……这些都是不可忽视的重要因素。很多时候，儿童教育的结果不尽如人意，往往都是因为家长、老师没有依照孩子的实际表现制订计划，只是机械地与其他孩子进行比较，一厢情愿地采用所谓的好方法造成的，最终导致孩子出现了各种各样的问题。

这种情况又该如何解决呢？

汉语中有两个成语能很好地解释这个问题，一个叫"相由心生"，一个叫"对症下药"。"相由心生"是指一切外在表现，都可以从内心深处找到根源，"对症下药"是指只有找到了最本质的心理因素，才能使孩子真正健康地成长起来。早在100多年前，奥地利心理学家、精神分析学家阿尔弗雷德·阿德勒就注意到了这个问题。通过多年的潜心研究，阿德勒将他对这一问题的见解悉数写入了《儿童教育心理学》一书。这本书一经出版便引起了巨大的轰动,不仅陆续再版,而且还被翻译成了数十种语言在全世界流传。

《儿童教育心理学》是阿德勒最为经典的作品之一。这本书是专门为参与儿童教育或与儿童教育息息相关的家长和老师等编写的,书中明确提出了儿童教育的目的——为孩子塑造健康而完整的人格。所以纵览全书,除了一般的学习教育,这本书将更多的笔墨都花在了如何帮助孩子塑造独立自主、自信勇敢、不畏艰难等品格上,同时也强调了帮助孩子培养适应陌生环境、与他人合作等多方面能力的必要性。

如今,随着中国二胎政策的放开,越来越多的家庭也在计划生育第二个小孩。由此不难预见,在教育方面遇到的问题也会显著增多,二孩的浪潮必然会带来儿童教育市场的火热。特别是在科技更为发达、理念更为先进的今天,人们对这方面问题的关注与需求也会达到一个前所未有的高度。《儿童教育心理学》一书虽然是以西方社会为背景创作的,但即便将它置于中国当前的社会现实之中，书中的内容对中国的家长、老师等来说依旧有极大的借鉴意义，能够有效激起大家对相关问题的深入思考。

经过慎重的考虑，我们决定对本书再次进行翻译。在忠于原著和参考现行权威译本的基础上，对书中个别难以理解的地方进行了批注，只求给读者带来更多的帮助。

译者
2017 年 9 月

目录

第一章　绪论 1

第二章　人格的统一 15

第三章　追求优越感与它对教育的启示 25

第四章　如何正确引导孩子追求优越感 41

第五章　孩子为何会有自卑情结 53

第六章　怎样预防孩子的自卑情结 65

第七章　社会情感的培养与孩子的健康成长 79

第八章　家庭环境与孩子的心理健康 93

第九章　为适应新环境做准备 103

第十章　孩子的在校表现 117

第十一章　影响孩子成长的外在环境 135

第十二章　性教育的意义与误区 149

第十三章　一个教育失误的例子 163

第十四章　完美的儿童教育需要父母参与 173

附录一　个体心理学问卷 182

附录二　五个孩子的案例与点评 192

绪论

依照心理学理论，教育问题可以被浓缩为一句话——教育问题是一个自我认识与自我指导的过程。儿童教育虽然类似于成人教育，但二者还是存在一定差异。相对于成年人来说，绝大多数的孩子都无法正确认识、指导自我，他们要形成这方面的能力，必定要经历一个漫长的过程。在此期间，我们需要对孩子进行教育，并且引导他们健康成长。

然而，这项工作的最大难点在于，作为成年人的我们往往不了解孩子。确实，连我们都不一定能正确地认识自己，又何况是在全面了解孩子的基础上，对他们加以指点和引导呢？这真是一件难上加难的事情啊！

个体心理学（individual psychology）是一门专门研究儿童心理的重要科学。说它重要，不仅因为儿童心理这一领域本身，还因为它能让成年人更加深入地了解自己的性格特征与行为方式。

个体心理学与其他心理学不同，它不允许理论与实践之间出现脱节。个体心理学的主要研究对象是整体人格，并致力于探讨整体人格能为人的发展和自我实现带来哪些积极的影响。从这一点来看，构成个体心理学的科学知识，主要是人们在实践中对谬误的再认知。无论是心理学家、父母、朋友，还是孩子本人，只要掌握了这些知识，就知道如何使用它们来指导人格的发展。

这种研究方法贯穿个体心理学的始终，通过这种方法得出的所有论述，就能自然而然地组成一个彼此联系的有机整体。依照个体心理学的观点，人的每一个行为，都要受整体人格的驱动、指引，都能真实反映他的心理活动。在绪论部分，我试图就个体心理学做一个总纲性的阐释，然后再在后续的各章内容中，有侧重地进行更为深入的探讨。

人之所以能成长、进步，其本质是因为内心有明确的目标，充满了不断向上的追求。每一个人从出生开始，就在持续追求发展，追求更伟大、更完善、更美好的愿景。这种愿景在潜意识中时刻存在。这种目标明确的追求能主宰人的一生，不仅会影响人的具体行为，甚至还能支配人的思想。思想并不是一种现实存在的东西，但它会在生活目标和生活方式的双重影响下，与现实趋于一致。

整体人格与每个具体的人之间有着密不可分的联系。每个人都是由深藏于内心的整体人格塑造的，并且与整体人格相统一。因此，每个人既是被各自整体人格所绘制的一幅幅精美画作，同时又是这些精美作品的创作者。不过，这些创作者并不完美，因为他们对自己的灵魂与肉体了解得并不全面。

研究人格的构建时，要特别注意"人格的整体性"这一点。每个人的生活目标、生活风格都迥然不同，这种差异不是单纯由所处的客观现实不同而导致的，因为即便面对着相同的客观现实，不同的人也会有不同的主观看法。可以说，客观现实本身，和人对客观现实的看法，是两回事。所以，共处在同一个现实世界中的人类，却能以极具个性的方式来塑造自我。每个人塑造自我的过程，都能体现出这个人对客观现实所持有的看法，从心理层面来看，这些看法可能正确且健康，也可能错误而有害。我们特别重视一个人在成长过程中遇到的心理问题与障碍，特别是童年时期的问题。要想全面观察一个人的成长过程，这些都是不容错过的关键。只有找对根源并及时解决，才不会对这个人今后的人生轨迹造成重大影响。

我想举一个具体的例子来说明。有一位52岁的女士，她习惯于不停地贬低年长于她的其他女性。通过追溯她的童年经历我们发现，在她小时候，她身边的所有人都在关注她的妹妹，从那时起，她的心中就产生了一种被他人忽视的错觉，并因这种错觉而心生屈辱。通过运用个体心理学的"纵向"观察法（译者注——即按照时间发展顺序观察的方法。）对她进行分析，我们还发现，这种心理从她的童年时期一直延续到了现在：她总怀疑别人看不起她；当她发现别人比她受欢迎、所处的地位比她优越时，她就会感到愤愤不平。

就算我们不了解她的日常生活与整体人格，也不妨碍我们由此来解读她的内心。心理学家的这种思路与小说家类似，即通过确定的行为路径、生活风格、行为模式来构建人物，同时确保他的整体人格不被破坏。如果一位心理学家足够优秀，完全可以推测出这位女士在某个特定环境下会有怎样的所作所为，再根据她独特的"生命历程"准确描绘出她的人格特征。

心理学中有个说法叫"心理补偿"，它指的是人可能因为内心自卑而追求更高的目标，或者因此成为一个目标明确的人。这种补偿性的心理确实存在，而且也有必要存在。从客观角度来看，自卑感确实有助于让一个人变得完善。每个孩子都有一种与生俱来的自卑感，这种感觉会让孩子产生一种美好的愿景，即现有的处境一旦得到改善，他们心中的自卑感就会得到缓和，甚至消除。

不过，自卑感和心理补偿机制有一个共同点，就是很容易让人犯错。如果一个人只是单纯地进行心理调适，而不做出实质性的努力，他与客观现实之间的差距就会进一步拉大。事实也是如此，一个极度自卑的人，往往只会单纯地从心理上寻求自我安慰，而不会通过具体行动克服实际困难。

在这本书中，我们根据心理补偿表现出来的特征，把存在这类心理的孩子分成了三类：天生体质虚弱或器官发育不良的；幼年时期，父母教育过严但关爱不足的；从小在溺爱环境中长大的。

在研究第一类孩子的极端个案时我们发现，虽说这些孩子不是每个都有天生的生理缺陷，但他们表现出来的不良心理特征，或多或少都与有缺陷的孩子类似；教育过严但关爱不足的孩子，以及从小在溺爱环境中长大的孩子也是一样，这让我们非常诧异。后来，我们通过实践发现，有心理问题的孩子，他们至少会表现出某一类明显的特征，有的甚至还有好几类。

上述三类孩子都很容易形成欠缺感与自卑感，继而使他们过度自负，自我评估远远超过了自身的实际能力。我们很难从病理学的角度判断，对一个人来说，到底是过度自卑造成的伤害大，还是过度自负造成的伤害大。这两者之间也存在着一定的联系。过度自卑会进一步加剧孩子内心的自负感，而这种自负感又很容易让他们尚不成熟的心灵遭受荼毒，导致内心的永不满足。永不满足的结果，就是这些孩子永远无法收获理想的果实，再加上个人性格、怪癖等因素的影响，他们的内心其实一直处于一种刺激性的环境中，这种持续的刺激会让他们变得更加敏感、易怒，容易做出过激的行为，并最终成为一个极度自卑的人。

从生理上看，这种人（《个体心理学杂志》中有相关的案例）也能长大成人，但心智方面却没有相应成长起来，有的人脾气非常差，有的人性格很古怪。他们有一些共同点：自私自利、不顾他人，是典型的自我主义者。如果任其发展，他们很可能成为毫无责任感的人，甚至走上犯罪之路。为了逃避现实，他们会自行构建一个"理想国"，终日沉溺于其中，把虚拟世界当成现实世界，以暂时收获内心的安宁，其实不过是借此来让内心向现实妥协罢了。

社会情感（译者注——心理学概念，人生活在社会中，各种客观现实都能让人产生诸多心理体验和心理感受，比如，在短期起作用的喜怒哀乐、激动热情、应激反应，能长期起作用的情感状态，包括美感、理智感、是非观、道德观，等等，都可以称之为人的社会情感。它能有效地影响个人自身的行为，也能影响到人与人之间的关系。）是反映一个人成长的晴雨表，对孩子的心理健康发展更是具有至关重要的决定与指导作用。一旦社会情感出现障碍，孩子的心理发展状况就会受到不同程度的影响。因此，不管是心理学家还是父母，都要高度关注孩子社会情感的发展情况。个体心理学以社会情感为根本原则，围绕社会情感也有一套对应的教育方法。

为了让孩子能更好地融入未来的生活并为之做准备，家长与教育者都不应让孩子只同某一个人亲近。要想了解孩子的社会情感发展得如何，仔细观察他入学时的表现就是一种很好的方法。对孩子来说，学校是一个完全陌生的环境。初入学校时的表现，最能看出一个孩子是否就适应陌生环境做足了准备，特别是在与人相处方面。

该如何帮助孩子做好入学准备，这是一个普遍的问题。许多成年人在回首自己入学的情景时，往往觉得如同噩梦一般。其实，只要教育工作做到位，学校就可以弥补孩子早期教育中的不足。一所理想的学校，是沟通家庭与现实世界之间的桥梁：学校不仅是传授学科知识的地方，也是孩子汲取生活知识、学会为人处世的场所。

然而，现有的学校往往都不完美，因而无法很好地起到桥梁的作用，要遇到一所理想的学校实属不易。相比之下，父母在给孩子进行家庭教育时的过失更值得我们关注，因为学校这个特殊的环境，会让孩子将家庭教育的不足反映出来。比如，在入学之前，父母没有教会孩子如何与别人相处，入学后，孩子就容易出现交际问题，继而给老师、同学留下性格孤僻的印象。反过来，这种状况又会加重孩子的交际障碍。长此以往，他们在学校的生活就会出问题，甚至成为大家所说的"问题儿童"。人们常常认为，造成这种问题的根源是学校疏于管理，却不知道学校只是一面"放大镜"，让家长看到了家庭教育潜在的问题而已。

学校能否让问题儿童进步，这在个体心理学中尚无定论。但可以肯定的是，孩子入学不顺是一个危险信号，它预示孩子的心理素质方面可能存在问题。我们在实践中发现，这些孩子会因此对自己失去信心，失落的情绪也逐渐开始蔓延。他们会故意不遵守学校的规定，不按老师的教诲去努力拼搏，而是去寻求看起来更自由、更容易成功的捷径，希望以此快速获得成功，继而弥补心中的自卑感。在他们看来，这些捷径的吸引力显然更大，能更快征服目标、获得心理上的成就感是一方面，不用背负沉重的社会道德责任则是另一方面。这些孩子长大之后也只会愿意做十拿九稳的事情，只有这样，他们才能在别人面前顺利展现优越感。

不管这些孩子看起来多么勇敢无畏，选择走这种捷径，就说明他们的内心其实非常脆弱。这就像犯罪分子一样，外表看上去凶狠强悍，骨子里却脆弱无比。同样的，有些孩子看上去非常勇敢，但内心并不强大，他们会在并不危险的环境中做出一些"小动作"，这些"小动作"就是最好的证据，比如，有些孩子不靠着其他物体就站不直。一般情况下，人们不会考虑更深层次的原因，传统的治疗方法也大都只针对这种状况本身。因此，人们总对这样的孩子说："站直了！"其实，重点不在于靠着什么东西才能让孩子站直，而在于他们缺乏自信，所以才有渴望获得支持的依赖心理。借助惩罚、奖励等手段，我们的确可以迅速让他们发生改变，让他们看起来有精神，但渴望获得支持的依赖心理并没有得到满足，病根依旧存在。真正优秀的教育工作者能敏锐地发现这些迹象，并能用同情与理解之心从根源上帮孩子解决问题。

一般来说，从孩子表现出的某个单一迹象，我们就能推断出他的心理素质及性格特征。假如一个孩子对某件事表现得过分依赖，我们立刻就能知道，他的性格中肯定具有焦虑、依赖等特质。将这个孩子的具体情况与我们研究过的案例进行对比，我们就能重新构建出他的人格。我们注意到一个共同点，即这样的孩子往往都是在溺爱的环境中长大的。

接下来，我们要讨论的是从未得到过关爱的孩子，看看他们的性格特征又有何不同。通过观察一些穷凶极恶者的一生我们发现，这些人在童年时代往往遭受过恶劣对待。于是，他们的性格中就包含了冷酷、嫉妒、怨恨等因素，见不得别人幸福。如果他们有了孩子，或者要对孩子负教育责任，他们就会认为，孩子不应过得比他们小时候幸福。他们不仅对自己的孩子这样，在充当别人孩子的监护人时也会坚持这种态度。我们提出这种观点，并没有要贬低谁的意思，而是希望能相对客观地反映一个事实，即在小时候遭受过恶劣对待，或者被管教得过于严厉，都会影响一个人的精神状态。

这类人往往还会用一些看似正当的理由来维护自己的行为，比如"孩子不打不成器"，甚至会援引诸多例证来证明这么做的合理性。但无论如何，他们都无法证明自己是正确的。因为刻板而蛮横的教育只会让孩子远离教育者，这种教育方式也就不会有任何正面的效果。

经过对一系列不同症状的探讨，将若干次的实践结果联系起来之后，心理学家就能初步构建出一个人的人格体系。凭借这一体系，这个人潜藏着的心路历程就能被再现出来。作为心理学家，通过考察一个人的某一方面性格，我们只能揭示他完整人格中的某项特征；只有对他性格的多方面进行考察，且发现揭示的性格特征都相同时，我们才算是基本确定了这个人的整体人格。从这个角度来看，个体心理学既是一门科学，更是一门艺术。探讨人的心理时，呆板、机械地套用理论框架和概念系统是不对的，这一点非常重要。人是一切研究的重点，但万万不能根据人在某一方面的表现就得出广泛而深远的结论。所以为了让论据能更有力地支撑论点，我们尽量会从整体来考虑。比如如果这个人其他方面的表现也能证实最初的假设，能够佐证他表现出来的消极、固执等行为，这时我们才会认为，这个人的整体人格兼有消极与固执的特征。

有一点需要注意，被考察的那些人往往无法理解自己的行为表现方式，因此也就无法隐藏真正的自我。一个人的人格不会因主观的看法与想法而轻易改变，它会在不同环境下的具体行为中自然流露。很多时候，人并不是故意要在人格的问题上说谎，而是因为人的有意识思想与无意识动机之间差距显著，无法正确认识自己，因此，只有视角客观且懂得换位思考的人才能被委以这样的重任。我们将这种人称为"旁观者"，心理学家、父母、老师都是充当儿童教育旁观者的合适人选。但不管是谁，向孩子解释人格方面的问题时，都应当立足于客观事实。这种客观事实既包括带有个人目的性的表达方式，也或多或少包含着那些无意识的追求。

人与社会生活之间存在三个基本问题，对这些问题所持的态度，大致能看出一个人真正的自我。

第一个问题与社会关系相关，在就针对现实的主观与客观看法进行比较时，我们已经论述过了。这里需要补充的是，社会关系还可以表现为一项具体的任务，即交友和与人相处。人在面对这一问题时会有怎样的反应？他将如何处理？如果一个人对交友与社会关系的打造持无所谓的态度，并认为这样足以让他避开在社会关系中可能遇到的问题，那么他对这一类问题的反应就是"无所谓"。由这种态度，我们可以大致就他的人格方向与结构方面做出定论。我们还要注意的是，除了与人交往、结交朋友，社会关系还包括与此相关的抽象概念，如友谊、合作、真实、忠诚等。一个人对这些抽象概念的理解，会左右他在处理社会关系时的选择。

第二个问题涉及人对自己一生的规划，即打算在社会的劳动分工中扮演什么角色。如果认为第一个问题是由"我与你"这种超越自我的关系决定的，那么可以认为第二个问题是由"人与世界（或人与地球）"这种基本关系决定的。如果将世上的所有人都浓缩成一个人，这个人就与全世界有着极为密切的联系。他希望从世界获得什么呢？这个问题与第一个问题的本质一样，要解决个人的职业问题也不是单方面的，它与单纯的个人问题不同。人与世界之间是一种双面关系，不完全由个人的意志决定。因此，取得职业方面的成功不完全取决于个人意愿，而是与客观现实息息相关。由此可知，一个人对有关职业问题的回答以及他回答的具体方式，其实包含着他的人格特点及他看待生活的态度。

第三个问题源于人类被划分为两性这一事实，它也不是单方面的个人问题。解决两性的问题，除了会涉及个人方面的因素，还要遵照两性关系的内在逻辑。因此，把"如何与异性相处"简单地视为典型的个人问题是错误的。要想正确解决这类问题，只能先认真地研究一切与两性关系有关的内容。很明显，偏离了爱情与婚姻正道的解决方法，都暗藏着人格的缺陷。因这类问题处理不当而导致的诸多不良后果，从根本上来讲，都是人格缺陷造成的。

一个人在回答这三个问题时会透露许多细节，由这些细节可以大致推断出他的生活风格与特殊的生活目标。个人特殊的生活目标意义重大，能决定一个人的生活风格，并会在实际行动中有所体现。这个目标如果偏向生活中积极的一面，他就会用积极的方法解决所有问题，继而收获幸福和快乐的感觉，获得极大的价值感与力量感。反之，如果这个目标指向了生活中的消极面，要解决这些问题就很困难，即便解决了，也不会有快乐的感觉。

这三个问题之间联系紧密，社会生活中的一些特定任务就是由它们衍生出来的，要圆满完成这些任务，必须以社会情感为基础。实际上，很多任务早在儿童时期就已经出现，比如人际关系的打理。一个人的看、听、说等感官能力，会在与兄弟、姐妹、父母、伙伴、朋友、老师等的相处中持续增长。人的一生都要维系这些关系，一旦擅自脱离，将遭遇失败。

对社会有益的事情就是"正道"，有关这一点，个体心理学有足够的证据来证明。任何与社会规范相违背的事情，都可以视为偏离了正道，且一定会违反法律，同时与现实相冲突。这种冲突还会让人丧失价值感，形成报复心理。报复的强度可能与冲突造成的影响相当，也可能更为强烈。最后值得一提的是，每个人的心中都会有意或无意地存在着一种社会理想，做偏离了正道的事情很容易违反这种理想。

个体心理学主张把孩子对社会情感的态度作为评定他们人格发展的标准，所以，通过个体心理学评定一个孩子的生活风格不是什么难事。因为只要在生活中遇到了上述三大基本问题，很容易就能看出这个孩子是否在相关的考验中做好了准备。也就是说，他是否拥有社会情感、勇气，理解力是否充足，是否拥有一个对社会普遍有益的目标，这些都会体现出来。随后，我们也会进一步了解他奋力向上的方法与节奏、自卑的程度及社会意识的发展水平。这些因素紧密相连、相互贯通，最终形成一个密不可分、有机的统一体。它会一直牢固地存在，直到被发现有新的缺陷，而在此之后，它也将被再一次重新构建。

第二章

人格的统一

孩子的精神生活很奇妙，其中的任何一个方面都能让我们着迷。有一点最为重要：要想真正理解孩子的某种特定行为，我们必须要先了解他的整个生活史。孩子的一切行为都能反映出他的整体生活和全部人格，不了解具体的生活背景，就无法正确解读他的日常行为。这种现象就叫人格的统一。

人格的统一，是个体行为与行为方式协调成为单一模式的过程，这种过程在儿童时期就已经开始了。生活中，孩子对外界事物的反应方式会逐步变得统一，这种在不同情况下的相同反应不仅构成了他的性格，也会让他的一切行动充满个性，并渐渐与其他孩子形成差异。

大多数心理学派都忽视了人格的统一这个问题，或者说，它并没有引起人们足够的重视。因此，在这些心理学的理论或精神病学的实践中，一个具体的行为很容易被孤立看待，就像是独立存在的现象。比如，将一个人的某种表达方式或手势视为一种特殊情结，认为它们与这个人的其他活动没有直接关系。这种做法好比将一个音符从一段完整的旋律中抽离出来，在不考虑其他音符的情况下，单独理解它的意义。

这种做法显然不对，但却普遍存在，一旦应用到儿童教育工作中，将会给孩子的成长造成极大的危害。个体心理学坚决反对这种错误做法。在有关惩罚孩子的理论中，这种错误的做法尤为突出。孩子一旦做错了事情，人们常常会先考虑这个孩子给人留下的总体印象。如果常犯这种错误，老师、家长就会下意识地认定这个孩子屡教不改；如果孩子给人留下的总体印象不错，施加的惩罚相对来说就不会特别严厉。不管怎么说，惩罚对于孩子来说总归是弊大于利的，而且上述这两种情况都没有从根源上解决问题，即他们在探讨错误产生的原因上，都忽视了人格的统一这个基础，这与脱离整段旋律讨论某个音符是一回事。

我们质问孩子为什么会懒惰时，他们不可能明白，我们的目的是想弄清问题的根源在哪儿；同样的，我们质问孩子为什么要撒谎时，他们也不会将真正的原因说出来。深谙人性的古希腊哲学家苏格拉底的话一直在人们的耳边萦绕：最难的事情莫过于"认识自己"。因为即便是心理学家也难以准确回答这类问题。既然如此，我们为什么又要寄希望于孩子，要求他们准确回答这些难题呢？要想准确了解一个人的某种行为背后具体有什么意义，我们必须先弄清他的整体人格。一个人做了什么、怎么做的，这些都不是重点，重点在于理解他在完成任务过程中所表现出来的态度。

为了更好地说明了解一个人的整体生活背景有多么重要，我们不妨看看下面这个案例。

有一个13岁的男孩,他有两个妹妹。男孩在8岁之前都过着快乐而美好的生活,因为那时他的妹妹尚未出生,他是家中唯一的孩子,父母的宠爱悉数集中在他一个人身上,不管什么需求都能被及时满足。男孩的父亲是一位军官,长期在外执勤;他的母亲聪明善良,对这个既固执又黏人的独子百般宠爱,哪怕是偶然提出的任性要求,她也会尽力满足。不过,如果男孩表现得过于缺乏教养,或者做出了危险的行为,母亲也会生气,二人的关系也会因此而紧张。他们的关系有一个显著的特点,即这个男孩试图支配他的母亲,并对她发号施令。男孩这么做,就是希望能随时随地通过各种无礼的方式让别人注意到他。

尽管这位母亲意识到,儿子确实制造了很多麻烦,但考虑到他的本性并不坏,便对这一切都给予了宽容,依旧给他辅导功课,帮他整理衣物。男孩也坚信,只要遇到困难,母亲一定能帮他解决。显然,他很聪明,也跟其他孩子一样在接受良好的教育。一直到8岁,他的学习成绩都很不错。妹妹出生后,他身上的一些变化开始让他的父母不能忍受,比如自暴自弃、漫不经心、懒散拖延。如果母亲不能满足他的要求,他就会扯住她的头发不放,同时拧她的耳朵、掰她的手指,让她丝毫不得安宁,并且屡教不改。妹妹长大些之后,他更是变本加厉,把妹妹当成他的捉弄目标。尽管这时的他还不会做出伤害妹妹的举动,但他的嫉妒之心已经非常明显。这种变化可以追溯到妹妹出生时,因为自那时起,妹妹已经取代他,成为家人关注的焦点。

需要着重强调的是，孩子的行为一旦开始变坏，或者让人感到不快时，仅仅关注这种行为出现的时间是不够的，重点在于弄清它产生的原因。"原因"一词建议谨慎使用，因为案例中的哥哥会成为问题儿童，是由妹妹的出生导致的，尽管这种情况经常发生，但人们往往都意识不到。出现这种现象，是因为这个哥哥无法以正确的态度看待妹妹的出生，但是这两者之间没有绝对的物理因果关系，所以我们不能说，一个孩子的出生，必然会导致另一个孩子变坏。我们能确定的是，坠向地面的石头，它的方向是确定的，并且带有一定的速度。通过实践探索，我们发现在导致心理"下落"这件事上，起作用的并不是严格意义上的因果关系，反倒是那些时常出现的小错误，它们更容易给一个人的成长造成不小的影响。

毋庸置疑，人的心理在发展过程中会出现偏差，这些偏差与最终造成的不良结果关系密切，所以人会做出错误的行为，甚至对人生发展的方向做出错误判断。心理目标的确定需要借助于判断，但只要做判断，就有可能出错，这便是出现偏差的根源。一个错误的判断会导致一个错误的目标。人们在很小的时候就会试着进行判断，一般在2~3岁时，就会给自己确定一个目标。这个目标一旦确定就很难改变，它在给孩子带来一定约束的同时，也在引导、激励孩子不断调整自己的生活，通过具体行动落实目标，并促使其实现。

所以说，孩子自身对事物的理解能力，会直接影响他的成长，认清这一点很重要；孩子一旦陷入新的困境，固有的错误观念也会制约他的行为判断，认清这一点也很重要。我们已知，像弟弟、妹妹出生这种客观事实，不会从根本上影响他们哥哥、姐姐认知事物的能力，关键在于后者看待这些事实的心态，以及他们会做出怎样的判断。这足以反驳严格意义上的因果论，客观事实决定了实际上的对与错，但客观事实和个人对事实的看法之间绝对没有必然联系。

对人类行为方向起决定作用的是我们对事实的看法，而非事实本身，这是人类心理非常奇特的一个方面。这种心理很重要，它是构成我们行动的基础，同时也是人格构建的基础。恺撒大帝刚刚登陆埃及时的一个小故事，就是印证人的主观看法会影响行动的经典案例。

恺撒大帝下船上岸时被缆绳绊倒在地，将这一幕看在眼里的罗马士兵认为这是不祥之兆。要不是聪明的恺撒在第一时间张开双臂兴奋地大喊"非洲是我的了"，英勇的罗马士兵说不定会立刻掉头返回。

由此不难看出，现实情况对人类行动造成的直接影响微乎其微，最主要的制约还是来自已经塑造成型的人格。大众心理与个人的理性意识也是这样：在有益于大众心理发展的环境中，某个人产生了一种良好的理性意识，这无法说明环境对大众心理和个人理性意识的形成有决定性的影响，只能说明这个人和绝大多数人一样，对环境的主观看法相同。通常来讲，促使理性意识产生的情况只有一种，那就是个人坚信的那些荒谬、错误观点遭到批判时。

我们再回过头去看那个小男孩的故事。不难想象，他很快就会陷入困境、遭人排斥，因为他在学校没有取得进步，我行我素并不断干扰他人，这就是他所呈现出来的整体人格。接下来他又会面临什么情况？只要他骚扰别人，他就会被学校惩罚。学校会将他的行为记录下来，转告他的父母；如果还不奏效，学校就会建议他的父母把他带回家，原因就是他无法适应校园生活。

这个小男孩也许乐意接受这个方案，因为其他的方案他都不喜欢，他的态度也在这一系列行为中展现得淋漓尽致。尽管这种态度不对，可它一旦形成就不会轻易改变。他会犯下这些错误，根源在于他渴望成为众人瞩目的焦点。一个人犯了错理应受到惩罚，这种惩罚应当针对犯错的根源，即渴望成为他人关注焦点的想法。正是受这种想法影响，他才会不断地让母亲围着他转；也因为这个想法，他如同君王一般攫取了长达8年的"绝对权力"，直至他被赶下"王位"。在妹妹出生之前，他的关注点是母亲，母亲的关注点是他。后来，因为新出生的妹妹取代了他在家中原有的位置，所以他才会竭尽所能地想夺回自己的"王位"。当然，我们必须肯定，他本性不坏。他会如此挣扎地应付这种局面，并且做出一系列的恶行，既因为他的内心没有做好相应的准备，也因为没有人给他正确的指导。

再举一个例子。有一个从小娇生惯养长大的孩子，他本身没有那么恶劣，也没有到无药可救的地步，只是习惯于成为他人的焦点。如果将他突然放在一个完全相反的情境中，比如学校的老师对所有学生都一视同仁，这个孩子若还像过去那样，继续要求老师过分地关注他，他的这种行为很可能会激怒老师。这一点也应该引起人们的注意。

前面案例中的小男孩，他的生活方式与学校要求、期待的生活方式相冲突，这一点很好理解，也很容易解释。把这种冲突图像化，我们就会发现：孩子的人格发展方向、发展目的，与学校的要求往往不一致，甚至相反。在整体人格的作用下，孩子的一切行为都深受他自身的目的影响，且不会轻易偏离，而学校则希望每个孩子都能拥有规范的生活方式，因此这两者之间的冲突很难避免。在实际中，学校也注意不到孩子的心理感受，难以包容他们出现的种种问题，更不用说去想方设法解决引起冲突的根源了。

这个小男孩希望母亲只关心他、专门为他服务，以达到独占母亲的目的，这是制约他一切行为的根本动机，然而这刚好与学校教育他的目标相违背：他应该变得独立自主。针对这种情况，人们打了一个形象的比方——就像把一驾马车套在了一匹桀骜不驯的马身上，这时的孩子往往难以灵活地表现自我。假如我们真正了解他当时的处境，说不定还能多给他一点理解与支持。惩罚没有意义，而且会让孩子更加厌恶学校；要是被开除了，反倒正合他意。他让自己陷入了错误的感知中，误以为他能够如愿地控制母亲，让母亲为他效劳，仿佛他在这场较量中取胜了一般。

弄清孩子犯错的真相之后，我们必须承认，像这样惩罚孩子的错误没有任何意义。比如，孩子总是忘记把课本带到学校，这就不是一种孤立的行为，而是他整体人格特点的一种表现，因为他知道母亲会时时刻刻关注他，不管做什么事情，都有母亲为他操心。一个人的整体人格由多个方面组成，每种表现之间都存在着紧密的联系。只要明白这一点，我们就会意识到，男孩上述的那些表现，其实与他的生活方式完全一致。行为与人格相一致的事实也在逻辑上推翻了一种假设——孩子完成不了学校安排的任务，可能是智力发育迟缓导致的。如果一个人的智力发育确实有问题，他根本不可能一直遵照自己认定的目标采取行动。

通过这一案例我们还发现，其实所有人的处境在一定程度上都与这个小男孩类似。我们对生活与生活方式都有自己的理解，也从来没有与社会传统的要求完全一致。过去，我们认为那些传统的社会制度与风俗至高无上、不容改变。现在，我们发现它们也没有神圣到不容改变的地步；反过来，这些制度、风俗与个人的想法，一直处在相互磨合、适应的状态中。制度、风俗都因人而存在，但人的存在不是为了迎合它们。关注社会、自我拯救确实是构成个人社会意识的一部分，但这并不意味着每个人都要千篇一律地按照社会要求来塑造自己。

思考人与社会之间的关系是个体心理学的基础，它对完善学校系统的建设、帮助问题儿童适应学校生活等方面有特殊的指导意义。学校应当将每个孩子都视为一个具备整体人格的人，他们就像一块块等待雕琢的璞玉。在评价孩子的某种特定行为时，要学会综合运用心理学方面的知识，把这些行为当作组成整体人格的一部分来看待。就像前面提到的，不要将它视作孤立的音符，而要把它当作组成整个乐章的一部分。

第三章

追求优越感与它对教育的启示

研究人性要注意两大心理事实，一个是人格的统一，另一个就是接下来要介绍的——追求优越感。优越感其实与心中的自卑感息息相关，没有自卑感，也就没有超越当下、摆脱下游的动力，它们属于同一种心理现象的两方面。

我们在这一章主要讨论人为什么会追求优越感，以及它能给教育带来什么启示。

人们也许会问，追求优越感是不是一种与生俱来的本能？对此，我们并不赞同。不过，我们虽不认可它是与生俱来的行为，但我们也承认，人要追求优越感，必须得具备一定的生物基础才行。早在胚胎时期，这种基础就已经开始萌生，并具备后天发展的可能。

当然，人类的活动是有局限性的，某些能力，人类永远不可能拥有。例如像狗一般灵敏的嗅觉、能看到紫外线的肉眼等。不过，有些能力确实是稍加培养就能获得的。通过分析培养这些能力的过程，我们就能洞悉人会追求优越感的生物学依据，也能从中找到塑造个人人格、心理的根源。

我们知道，不管在什么环境下，孩子和成人的内心都有追求优越感的冲动，而且这种冲动难以抑制。受本性的影响，人类无法长期忍受被他人轻视，难以屈从内心的不安与自卑，这些负面感会让人萌生更高层级的愿望，而追求优越感就是获得心理补偿、实现理想目标的最直接的方式。

实验表明，孩子的某些性格特征是环境作用的结果。受具体环境的影响，孩子的内心会感到自卑、脆弱和不安，这些感觉反过来又会影响他们的心理。为了改变这种状态，他们会下定决心，努力达到更高水平，以获得更平等，甚至更优越的地位。内心的这种愿望越强，他们给自己设定的目标就会越高，似乎这才能展现他们真正的水平。

实际上，这些目标往往都超出了他们的能力范围。一个孩子小时候获得外部各方面的支持与帮助越多，就越容易将自己假想成类似上帝那样无所不能的人物。我们还发现，那些自认为非常脆弱的孩子，他们都有成为类似上帝这种人物的想法，并深受这种想法控制。

为了更好地说明上述的情况，我们在这里援引一个真实的案例。这个案例的主人公是一个患有严重心理疾病的14岁男孩。在回忆童年的往事时，他告诉我们，在6岁那年，他曾因为自己不会吹口哨而非常难过。后来有一天，他从房间里走出来时，意外地发现自己会吹口哨了，这让他极为震惊，并认定这是由上帝附体所导致的。

这个案例就能说明：内心的脆弱感、万能的上帝就在身边，这两种感觉之间存在某种特殊的联系。

有些性格特征与追求优越感的心态紧密相连。了解了一个孩子对优越感的渴望程度，我们就能知道他的目标究竟有多大。一个过分追求优越感、渴望自我肯定的人，很容易嫉妒比他更优秀的竞争对手，甚至可能诅咒他的对手遭到厄运。如果这种欲望过于强烈，还可能诱发他们形成报复心理。让人吃惊的是，这种不健康的心理在这类孩子中非常普遍。它除了会让这些孩子更容易患上精神方面的疾病，还可能促使他们做出伤害对手的行为，严重的甚至会有犯罪倾向。他们常常露出凶狠的目光，似乎时刻都想挑衅他人；好斗的性格让他们容易动怒，随时随地都可能与对手搏斗。为了自抬身价，他们不惜造谣、诋毁他人，泄露同伴的隐私，有外人在场时，他们表现得更甚。有趣的是，像这样追求优越感的孩子特别害怕考试，因为这样一来，他们真正的能力就被彻底暴露了。

由此也能看出，考试也得与学生的心理特点相适应。我们注意到，不同的孩子对考试的理解也不相同。

在有些孩子的眼里，考试几乎是一项不可能完成的事情，他们的脸色会因此而白一阵、红一阵，说话也会变得结巴，身体还会不由自主地发抖，整个大脑一片空白。有些不愿单独站起来回答问题的孩子也是一样，他们希望有人陪伴，好分担众人注视的目光。

其实，在游戏中追求优越感的情况也差不多。比如，玩马车游戏时，渴望获得优越感的孩子就不想扮演马匹，他们更愿意扮演车夫，成为能操控马车前进的领导者。如果当车夫的需求没有被满足，他们就会想方设法影响别人，让别人也无法如愿，并以此为乐。如果在玩游戏时频频受挫，而且因此挫伤了锐气，再遇到无法驾驭的情况时，他们就不会勇往直前，而是选择不断退缩。

有些孩子在遭受挫折时也会手足无措、内心恐慌,但他们从不轻言放弃,很快又能信心满满地参加各种具有竞争性的游戏。从孩子热衷的游戏、故事与历史人物中,我们可以清楚地了解到他们究竟在哪些方面肯定自己,以及他们究竟有多么肯定自己。

仔细分析这些孩子所追求的优越感,我们可以将它们划分成不同的类别。由于每个孩子追求的优越感都不相同,这种分类未必非常精确,但它并不会给我们的工作带来影响,毕竟我们判断的依据,还是孩子做出的具体行为。

心理健康的孩子会将追求优越感的心态转化为向上的动力。他们会想办法成为老师喜欢的学生,注重干净整洁,遵守学校秩序,最终成为大家心目中的好学生。

但经验告诉我们,这种孩子始终只是极少数,另一部分孩子心目中的首要目标,是想方设法超过别人,并以此为执念。他们这种追求优越感的心态往往不会被人指责,尽管其中夹杂了过强的求胜心。在大多数人看来,求胜心代表着一种催人奋进的美德。这其实不对,太过于求胜会让孩子高度紧张,反倒可能影响孩子的健康成长。时间不长,孩子尚且能够承受;一旦时间太长,就会给孩子造成压力。求胜心过强还会迫使孩子过于专注学业,一味追求成绩而逃避读书之外的一切问题,于是他们只知道埋头苦读,其他方面的发展就被限制了。我们不认可这种成长方式，因为它无法让孩子的身心健康成长。把超越别人当作毕生目标，并以此安排生活的孩子，他们的发展或多或少都存在问题。我们给出的建议是：放下书本，多去户外呼吸新鲜空气，多与同伴互动交流。

有时，一个班里会出现两个孩子暗自较劲的情况。通过仔细观察我们发现，有这种倾向的孩子往往都有不讨人喜欢的性格特点，妒忌就是其中之一。只要别的孩子取得成功，他们就会恼怒不已；严重的时候，他们还可能出现头疼、胃疼等症状，哪怕对手稍稍领先也是如此；他们从来不会表扬别人，如果有人只表扬了对手，他们说不定还会愤然离场。上述嫉妒的表现，其实都在说明孩子的求胜心太强了，而在人格独立且健康的孩子身上则看不到这类问题。

求胜心太强的孩子难以与同伴愉快相处，因为他们渴望扮演领导者的角色，同时渴望打破游戏规则。这样做的结果就是他们在集体活动中无法体会到乐趣。他们往往非常傲慢，跟同学相处时，不管怎么做都会不自在。在他们的眼里，接触的同学越多，威胁他们地位的概率就越大。这类孩子大都非常不自信，只要所处的环境令他们不安，他们就会不知所措。越不自信，就越渴望自己获胜，背负的压力就会越大，最终很容易因为内心无法承受而崩溃。

如果人们掌握了能让孩子免受困扰的完美方法与绝对真理，问题儿童也就不会再出现；但这种完美方法与绝对真理又不可能被人们掌握，同时也无法给孩子创造理想的完美学习环境。因此，对他们怀有过高的期望其实有百害而无一利。在遭遇不可避免的困难时，这些孩子的感受与那些人格独立且健康的孩子完全不同，原因主要有两个方面：一方面，我们的教育方法不一定能在每个孩子身上见效，它本身也需要持续改进；另一方面，超量的求胜心也容易让孩子最终失去信心。

勇气是克服困难的唯一方法，那些过分追求优越感的孩子，往往没有足够的勇气去面对困难、解决问题，他们只看重结果，希望成绩能得到别人认可；否则，他们就无法获得满足感。我们知道，遇到问题时，解决问题是次要的，最重要的是保持心理平衡。

那些过于追求优越感，只看最终结果的孩子是意识不到这一点的。在他们看来，得不到他人的认可与崇拜，也就失去了活下去的动力。有这种想法的孩子不在少数。

从器官有先天缺陷的那些孩子身上我们发现，正确认识自身的价值非常重要。人们很少注意到，大部分孩子身体左侧的发育要好于右侧。生活中，大多数人惯用右手，这给惯用左手的孩子造成了许多困扰。我们发现，惯用左手的孩子似乎天生就有"两只左手"，想灵活运用双手并不容易，所以他们在书写、阅读、绘画方面遇到的困难要比一般人多得多。要想准确判定孩子到底惯用左手还是右手，其实有一个很简单的办法：让孩子将双手交叉，左手大拇指在右手大拇指上的孩子惯用左手。虽说这个方法测出来的结果不一定精准,但我们依然对此感到非常吃惊,因为从来没有想到,天生惯用左手的人竟然如此之多,而他们自己却浑然不知。

如果仔细研究惯用左手的孩子,就会发现他们很容易被人贴上"笨蛋"的标签。在一个惯用右手的社会中,这确实不足为奇。要体会这种感觉其实也不难,世界上有一部分国家的车是靠右行驶的,这些国家的人们如果到了英国、阿根廷等靠左行驶的国家,并且需要驾车上路行驶时,就会感到慌乱。假如一个家庭中的所有成员都惯用右手,惯用左手的那名成员照料自己时就会难一些,甚至还可能影响其他成员的正常生活;在校学习写字时,惯用左手的孩子面临的困难也会大一些,由于很少有人明白其中的缘由,因此这些孩子很容易因为成绩不好而被斥责、惩罚。这样一来,人们就会误以为惯用左手的孩子比惯用右手的孩子差。惯用左手的孩子也会因此而这样看待自己,认为自己无法和他人相提并论。在家里,孩子惯用左手所带来的不便也容易被视为笨拙,继而引发家长的斥责。这些都会在无形中加重孩子的自卑感。

当然,并非每个惯用左手的孩子都会因此而灰心丧气,但它确实能让相当一部分孩子在遇到类似的情况时选择放弃。他们无法正确地认识自己的真正处境,也没有人告诉他们该如何克服这些困难。因此,他们很难真正坚持下去。

有些人字迹潦草到无法辨认,其实也与上述原因相关——

由于惯用左手而忽视了对右手的训练。其实，这不是无法克服的困难，许多顶级艺术家、画家与雕塑家，他们大都生来就惯用左手，但不同的是，他们在后天的强化训练中，逐步掌握了熟练使用右手的能力。

有人认为生来惯用左手的人，一旦被强迫使用右手就会引发口吃。这是一种没什么科学依据的迷信说法。至于有些改用右手的人确实出现了口吃的症状，很可能是因为他们同时还遭受了其他更严重的问题的困扰，所以才会突然丧失了用语言表达的勇气。

精神病患者、具有自杀倾向的人、犯罪分子、性变态者……这些患有心理疾病的人当中，惯用左手的人占了大多数。另外，我们也常常发现，上述所有的这些人一旦克服了惯用左手的困难，往往也更容易取得成就，且在艺术领域最为常见。

在了解了惯用左手者的特征后，我们知道，让孩子在面对困难时变得更有勇气与自信是非常重要的事情，否则我们就会在判断孩子的能力与潜力时出现偏差。

我们的鼓励能让他们取得更多更大的成就，而我们的威胁与恐吓则会让他们失去对未来的期望。当然，即便受到了负面影响，他们也可以继续前行，但最终的结果肯定没有我们期待的那么好。

众所周知，不经努力就能获得的成功稍纵即逝，可在现实中，相对于全方位的教育，人们更关注看得见的成就。所以，求胜心过强的孩子往往处境艰难，因为人们在评价他们时，会习惯于用外在的成就来衡量，至于克服困难时所付出的努力，很多人并不看重。把孩子训练成野心勃勃的人并不是一件好事，远不如将他们培养成一个勇于拼搏、坚韧不拔、自信自立的人，这么做是为了让他们知道，面对挫折时别气馁、别畏惧，要把挫折当成亟须解决的新问题来对待。这时，老师如果能准确地预判一个孩子在某个领域付出的努力是否值得，这个孩子未来的成长就会顺利得多。

　　孩子对优越感的追求会在性格中的某一方面体现出来。起初，这种追求表现为争强好胜，但要超越那些遥遥领先的孩子显然不可能，所以，这些争强好胜的孩子最终会选择放弃。不少老师经常用一些严厉的措施来激励那些得过且过的孩子，比如故意给他们打低分。只要孩子还有一点儿自信，这种方法就会在短期内奏效，但这种方法并不适用于所有孩子。如果对那些成绩在及格线边缘徘徊的孩子使用这种方法，他们很可能会因为紧张过度而惊慌失措，让成绩变得更加糟糕；如果对这些孩子表示关心与理解，他们往往又能表现出超乎我们想象的才能。受后一种方式影响的孩子，他们对自己的要求会显著增强，其中的原因很好理解——他们担心回到之前的状态。

　　过去那些一事无成的生活方式会警醒他们，督促他们不断前进，所以那些成功地改变了自我的孩子，在生活中看上去如同着了魔一般，即便是夜以继日地忘我努力，却依旧认为自己做得还远远不够。

个体心理学认为，不论是成人还是孩子，他们的人格都是统一体，他们的行为表现和日渐形成的行为模式会趋向一致。这是个体心理学的基本思想。这样一来，解释前面提到的诸多现象就要容易得多。

离开行为者的人格来谈具体的行为没有任何意义，因为每种行为可以诠释的角度都很多元。以上学故意拖延为例，如果我们将它看成学生的一种独立行为，认为只要是学校布置任务，就会让学生产生这种反应，那么我们对这一行为的判断就会有失偏颇。其实，孩子出现这种反应，只表明他不想上学，也不想完成学校布置的任务，而且还会想方设法违反学校的要求。

由此我们可以知道，那些所谓的"坏"孩子不愿意读书，是因为他们追求的优越感与学校认可的优秀不同，于是他们才会反抗学校的种种要求。渐渐地，一系列相关的行为特征都会在他们的身上表现出来，并渐渐发展到不可救药的地步。他们乐意扮成小丑捣乱、戏弄同学、惹他们发笑，甚至还会故意惹事、逃学，与社会上的混混打成一片。

可以说，我们的所作所为不仅会影响孩子的命运，还会影响他们未来的发展。学校教育对孩子未来生活和发展的影响至关重要，因为它是连接家庭教育和社会教育的桥梁，可以纠正孩子在家庭教育中所受的不良影响；学校也应当教会他们在步入社会前做好适应准备，确保他们在社会这支大乐队中，能够和谐融洽地演奏好各自的乐章。

从历史的视角来观察学校，我们不难发现，不同时代的社会理想，总会给对应时期的学校教育理念造成影响，不同时期的人也因此具有显著的时代特征。历史上，学校先后为贵族、教会人士、资产阶级与平民提供教育服务，教育的标准也因时代而不同。为适应不断变化的社会理想，学校的教育理念应当与时俱进。如果社会认为，一个理想的人应当独立、自控、勇敢，学校就应当调整教育理念，让培养出来的人才合乎这些标准。这也就是说，学校不应将教育的目的局限在学校本身，而要明白，学校培养学生，为的是整个社会的发展。成为不了优等生的孩子也不应被学校忽视，他们也渴望获得优越感，只是注意力暂时还集中在其他事情上，比如一些做起来没那么有压力的事情。

不少孩子都认为，做没压力的事情更容易成功。我们先不讨论它的正确性，只要这些孩子过去无意识地在一些领域探索过，并取得了一定的成绩，他们就可能产生这种想法。

孩子过去取得的这些成绩，教育工作者都不应忽视，它们是激励这些孩子最好的突破口，能促使他们在其他领域取得类似的成功。所以，哪怕孩子数学不好也没关系，能成为运动场上的健将也是一件好事。

老师的教育如果立足于一个孩子的长处，并且给予适当的激励与信任，把这个孩子教育好就要容易得多。这相当于把孩子从一个丰收的果园带到了另一个丰收的果园中。因此，只要智力发育没有问题，任何孩子都有成功的潜力，学校要做的就是帮助孩子克服人为形成的种种障碍。导致这些障碍产生的一个重要原因，就是学校将学习成绩当成唯一的评判标准。站在孩子的角度来看，这些障碍还说明他们不够自信，追求的目标也很可能与社会认可的"正事"相偏离。因为完成所谓的"正事"，根本无法让他们获得满足感。

这时，孩子们会怎么做呢？他们首先会想到逃避。我们注意到，这些孩子经常做出顽固、无礼等不合常规的行为。这些行为虽说得不到老师的赞扬，但却能引起老师的注意，甚至还能让其他孩子心生崇拜。由于常常能在学校引起骚动，这些孩子也会因此感到自豪。

这些不合常规的行为与有问题的心理都是在学校中暴露出来的，但导致它们产生的根源并不完全在学校。说得积极一点，学校有义务教育孩子，帮他们解决这些问题；说得消极一点，学校其实也只是一个普通场所，它不过是让孩子在家庭教育中的不足完全暴露出来了而已。

一名足够称职的老师，会在孩子入学的第一天敏锐观察到很多事情。很多在溺爱中长大的孩子立马会暴露出相应的特征，因为进入学校这种新环境会让他们觉得痛苦。他们不善于与别人打交道，不能也不愿与别人友好相处。所以，家长在决定让孩子入学之前，最好提前教会孩子与人交往的相关知识，比如不能过度依赖一个人，而将别人都排斥在外。在溺爱中长大的孩子，不要期望他们进入学校之后马上就能专心学习。事实上，他们根本没有形成"学校意识"，在他们看来，与其去上学，不如待在家中。

想要判断孩子是否厌学其实很容易，比如，厌学的孩子每天上学之前都要父母将他们哄起床，吃早饭时总是磨磨蹭蹭，对父母的百般催促充耳不闻，等等。矫正这类问题其实和矫正惯用左手的情况一样，必须给孩子留出足够的学习、改正时间。一个厌学的孩子，他的每个举动都能传达重要的信息。比如，一个孩子如果经常忘带书本，或是把书本弄丢，我们基本能确定，他在学校过得不如意。孩子这么做其实是在逃避困难，从来没有想过要直面并解决这些问题。如果因为上学迟到就施加惩罚，这只会让他更讨厌学校，把他与学校的距离拉得更远。如果在上学读书的事情上强行逼迫，他很可能会想尽办法来反抗。

随着考察的深入我们还发现，这类孩子甚至不相信自己能在学习上取得哪怕是微不足道的进步。需要为这种不自信负责的不只是孩子自己，还有将他们引入歧途的周遭环境。家人在愤怒中斥责他们时，也许会断言他们没出息，骂他们笨，孩子在校遭遇的种种经历似乎也验证了家人的这些说法。

孩子判断不了自己的对错，他们会下意识地认为家人说的都是对的。这将直接导致他们还没开始努力，就选择了放弃。在他们看来，家人的论断是不可逾越的障碍，是对自身无能的真实反映。

错误发生了，再想矫正过来就非常困难。这些孩子发现自己努力之后不见效果，很快就会放弃，并想尽一切办法来逃避上学。逃避上学就是旷课，历来就被视为一种严重违反学校纪律的恶劣行为，会遭到严厉的惩罚。在这些孩子看来，他们通过伪造签名、涂改成绩单等伎俩蒙骗老师、家长纯粹是迫不得已，哪怕向家里谎称自己在校读书，实际上已经逃学很长时间，这也情有可原。

然而，逃学本身无法满足他们心中的优越感，所以他们会做出违法等更严重的事情来满足自我。于是，在一个个错误的引导下，他们中的很多孩子最终都走上了犯罪之路。

我们还发现一点，那些有犯罪倾向的孩子，他们的内心往往也极端自负。这种自负和过度的求胜心本质相同，都会让孩子不断以某种方式展现自己的能力。如果在生活中，他们无法从积极的方面找到合适的空间，就很容易寄希望于消极的方面。

教育工作者与其他相关人士都注意到了一个事实：老师、神父、医生、律师的孩子往往肆意任性。不管是职业声望不高的普通家庭，还是颇有名气、地位显赫的要员家庭，这种情况都屡见不鲜，似乎他们难以维持家庭应有的秩序。

我们对此的解释是，在这些家庭中，一些重要的教育观点，要么被忽视了，要么被曲解了。其中一部分原因在于，这些带有教育者身份的家长，很容易借助自以为是的权威，给家庭成员强加一些严格的规定。他们对自己的孩子要求格外严厉，给孩子造成了显著的压迫,甚至剥夺了孩子的自主权。这种做法激发了孩子的反抗情绪,唤醒了孩子对过去所受惩罚的记忆,很容易形成报复心理。

刻意的教育容易让父母过分关注并监视自己的孩子。一般来说,这样做没什么问题,但比较容易让孩子产生成为焦点的想法。他们还会因此认为自己就是父母教育的试验品,自己的今天都是别人操纵的结果,继而认为,别人应当帮助他们解决困难,而他们自己不需要担负任何责任。

第四章

如何正确引导孩子追求优越感

我们知道，孩子都渴望追求优越感，教育者的工作就是引导这种追求走向对人有益、做事有成的方向，并确保孩子们精神健康、生活幸福，不会患上精神疾病或遭遇不幸。

如何判断追求优越感的行为是有益还是无益的？判断的标准就是——看它是否符合社会利益。每一项有价值的成就都与社会息息相关，一切伟大而高尚的行为都极富价值，不管对当事人本身，还是社会的发展都是如此。所以，教育者必须让孩子拥有这种社会情感。

换言之，就是要让孩子明白，他们的自我追求要与社会需求相一致。否则，一旦孩子追求的方向与社会要求偏离，他们就会变成问题儿童。

在"什么才是对社会有益的"这一问题上，不同的人看法不同。但可以肯定的是，就像我们能通过树上结出的果子判断这棵树是好是坏一样，根据具体的行为，我们就可以判断出它是否有益于社会。

判断一种行为的价值，必须依照事物的普遍结构。某种行为的结果与事物的普遍结构之间并不完全契合，只有随着时间的推移，彼此之间的联系才会逐渐变得清晰，因此这种评价技术非常复杂。

举个例子，政治变革与社会变迁的初期总是争议不断，它们带来的价值与效果，只有经过了岁月的检验，才能最终得出结论。

好在，我们平时不必使用如此复杂的方法来评价某种行为带来的结果，但也要注意一点，科学地说，世上不存在一种对所有人都有益的行为。

强调是因为它涉及绝对真理，同时影响人们对人生问题的看法。人生问题并不孤立存在，它要受地球、宇宙与人际关系的逻辑制约。客观宇宙和人类宇宙的制约关系就像数学难题一般，我们未必能解出答案，但我们知道答案就潜藏在问题中。我们只能不断研究问题，探讨问题解决的背景，慢慢摸索解决的方法，同时判断这种做法是否合适。

然而很遗憾，检验方法是否合适的时机往往姗姗来迟，导致我们犯下的许多错误都无法及时得到纠正。

由于人们在审视自己的生活结构时，做不到合乎逻辑、立场客观，因此大部分人都无法理解自身的行为模式与完整性格之间存在一致性与关联性。问题一旦出现，他们的第一反应是感到恐慌，而不是主动面对并解决问题。在他们的眼里，出问题是走错路导致的。

需要注意的是，如果孩子偏离了对社会有益的大方向，他们很难从消极的经历中汲取积极的经验，因为孩子的理解能力有限,他们根本不能理解这些问题背后的深层意义。所以,教育孩子时必须让他们明白,身边发生的一切事情都与他们的生活息息相关,与每个人的生命背景密不可分,只有将现状与过往相联系,才能真正理解自我。

一个孩子做到了这一步,他才能想明白自己为什么会误入歧途,才能从消极的经验中获得积极的教训。

前面提到,追求优越感存在有益、无益之分,在进一步讨论两者的差异之前,我们不妨先讨论"懒惰"这种看起来与追求优越感没什么关系的行为。

从表面上看,懒惰似乎与"追求优越感是每个孩子与生俱来的心理"这种观点相矛盾。我们之所以责备那些懒惰的孩子,大都因为在他们身上看不到对进步的渴望与信心。但只要对这些孩子稍加观察,我们就会发现这种观点纯属"想当然"。

那些懒惰的孩子,正沉浸在懒惰带给他们的好处中,比如,他们不用背负他人的期望,不必特别努力,对一切事情无所谓,可以整个人都非常懒散,就算他们没取得任何成绩,人们也会在一定程度上原谅他们。而且,懒惰也让他们成了别人关注的焦点,至少能让父母一直为他们担心。

仔细想想,为了获得他人的关注,其他的孩子付出了怎样的代价?通过比较我们也能明白,他们为什么要借懒惰来引人注目了。

有关懒惰,心理学的解释并不全面。一部分孩子选择懒惰是为了让自己脱离不利的局面，这样一来，懒惰就成了解释他当下的无能，以及一无所成的最好理由，其他人也不会再就他的能力进行指责。

他的家长也可能会感慨："如果他不懒，任何事情都能干好！"这种孩子很乐意听到家长和别人这么说，因为它能很好地弥补自信心不足的缺陷，是一个天然的好借口。

对于孩子和成人来说，"如果他不懒，任何事情都能干好"这种如果句式带有极大的欺骗性，它带来了一种成就补偿。这种句式实际上在肯定现状，即一无所成是理所当然的。

这种情况下，只要这个孩子取得了丁点儿成就，就会和之前一无所成的状态形成强烈对比，人们也会因此给他盛赞；而很多一直埋头努力的孩子取得的成绩哪怕更显著，或许也得不到这般赞美。

同样的，如果犯下同样的错误，人们批评懒惰的孩子时，语气明显也会比批评其他孩子温和得多。

所以，懒惰的孩子背后，显然隐藏着一种人们并不熟知的"谋略"。就像走钢丝的人一样，懒惰的孩子身下也有一张保护网，就算不慎掉下去也不会伤得很重，甚至还可能毫发无损。人们难以接受他人指责自己无能，但相对来说，却可以接受他人指责自己懒。

简而言之，懒惰给缺乏自信的人支起了一道保护屏障，但也让他们看不到需要努力解决的问题。

目前的教育方法很难让一个懒惰的孩子有根本性的转变。人们越是责骂一个孩子懒惰，就越合乎这个孩子内心的意图。如此一来，人们就不会再关注他的能力问题了。

因懒惰而惩罚孩子也是一样的效果。老师决定惩罚，其初衷是督促孩子改正，但这样做往往见不到效果。因为惩罚再严厉，也不会让懒惰的孩子真正变勤快。

如果这类孩子突然不懒惰了，那极有可能是环境改变造成的。比如，他在某个领域意外取得了成功；或者换了一个性格温和的新老师，不仅不会严厉训斥他，甚至还能理解他，新老师并没有继续削弱、打压他原本就所剩不多的自信，而是通过耐心聆听与认真教导让他重新获得了勇气。这些时候，孩子确实可能突然变勤快。

我们还经常遇到一种情况：有些孩子入学之初成绩平平，换到新的学校后就格外努力。造成这种变化的主要原因就是学校环境的改变。

为了逃避学习，有些孩子虽然不会表现出懒惰的样子，但他们会装病；有些孩子则会故意在考试期间紧张不已，以博得他人的特殊关怀。爱哭的孩子也可能表现出类似的心理倾向，因为哭与过度紧张都是博取关怀的有效手段。

有些孩子因为存在某种生理缺陷，比如口吃，也会渴望获得一些特殊照顾，他们也符合上述的心理类型。

所有孩子初学说话时，差不多都有些口吃的表现，这是正常的。我们发现，孩子社会情感的发展状况是影响语言表达能力的首要因素。社会意识强、愿意与他人交往的孩子，学习语言的难度明显要小一些，他们的表达能力远比社会意识弱、喜欢独处的孩子好。

有些孩子到四五岁时还不会说话，家长往往会担心孩子是否得了病，但送到医院检查后却发现，孩子的听说能力没有任何问题。通过仔细观察这些孩子的日常生活，我们发现这些孩子大都生活在一种"说话多余"的环境中，很多情况下，他们都没有讲话的机会。比如，一些在家人的溺爱中长大的孩子，他们还没开口，家人就猜到并满足了他们的需求，就像对待聋哑儿童那样。

当我们将所有东西都装在"银盘子"中，并且亲手端给孩子时，他们就会认为，是否开口说话并不重要，学会说话自然就要晚一些。

孩子对优越感的追求以及这种追求的方向，都会从语言中体现出来。因此，不管是用来愉悦父母，还是满足特定的需求，语言都是他们表达优越感的必要途径。如果两者都做不到，我们才会怀疑孩子的语言能力是否有问题。

在学说话的过程中，孩子还可能遇到其他的障碍。例如，无法正确地发出 R、K、S 等辅音。不过，所有这类发音障碍都可以在后期得到矫正。

一般来说，绝大部分孩子的口吃问题都会随着年龄的增长而消失，需要矫正治疗的只占极少数，而且这个过程非常辛苦。一些成年人说话之所以口吃，或者大舌头、吐字含糊，往往都是因为矫正失败了。

我们来看一个 13 岁男孩矫正口吃的案例。

8 岁时，这个男孩接受了为期 1 年的口吃矫正治疗，由于效果不好，这种治疗在之后的 1 年便停止了。第三年，男孩到另一位医生那儿重新开始治疗，但 1 年之后，男孩的口吃病还是没有根除，于是第四年时他又放弃了。第五年年初，又一名语言教育家希望治疗这个男孩的口吃病。然而 2 个月后，男孩的病情非但没有好转，反而变严重了。没过多久，他又去了一家专业的治疗机构，虽然 2 个月后有所好转，但在 6 个月后还是复发了。

在这种恶性循环中，这个男孩的口吃病直到最后也没有治好。

大声朗读、缓慢说话、勤加练习……这些是他用过的治疗方法。有人注意到，在他保持适度激动时，口吃的状况会在短期内得到改善，但时间一长就容易复发。他没有什么生理缺陷，平时惯用左手；小时候从二楼摔下来时，造成了脑震荡；12 岁时，他的左脸中过风。

有位老师曾经教过这个男孩 1 年，并对他的性格给出了这样的评价："有教养，较勤奋，易害羞，容易发脾气。"这位老师还提道说："一到考试时，他就会特别紧张。他热衷于体操与体育竞技活动，对技术活动兴趣浓厚。他的身上看不出领导者的特质，和同学关系融洽，偶尔与弟弟发生争吵。"

我们再来看看男孩所处的家庭环境。他的父亲是个急脾气的商人，见到儿子口吃就会厉声斥责。不过，男孩显然更怕母亲，并且认为母亲对他不公平，更疼爱弟弟一些。为了督促他的学习，父母还找来了一名家庭教师，这让他的自由时间变得更少了，男孩为此苦恼不已。

由此我们不妨大胆假设：男孩的害羞可能与口吃有关。容易害羞说明他和别人交往时会感到紧张，即便是他非常喜欢的老师也没治好他的口吃，因为这种习惯早已固化在他的脑海中，他本身也不希望别人来干预这件事。

造成口吃的根本原因并不是口吃者所处的环境，而是他感知外在环境的方式。

案例中，男孩的敏感与易怒心理扮演了重要角色。患有口吃并不能说明他就是一个被动消极的孩子，反而证明他渴望获得优越感，敏感和易怒的表现就是最好的证据，个性脆弱的人也是这样。只敢和弟弟吵架，说明他灰心、气馁；考前内心极度紧张且容易激动，说明他缺乏自信、害怕失败，担心天资不如他人。在内心强烈自卑与极度渴望优越感的双重影响下，他最终走上了一条无益于自己与社会的道路。

不过这个男孩愿意上学，因为和上学相比，待在家里让他更不开心。在家里，弟弟才是家人关注的中心，并把他挤到了家庭的边缘，这对他影响颇深。他过去受到的伤害与惊吓未必直接导致了他的口吃，但这些不幸的遭遇确实会给他造成消极影响，让他变得不那么自信。

还有一件事情值得我们注意——这个男孩 8 岁时还尿床。不少过去在溺爱中长大,后来又突然失宠的孩子会尿床,它其实传达了孩子对失宠不满的信号,所以即便是在深夜,他也渴望引起母亲的关注。

其实只要多加鼓励,让他独立,同时安排他完成一些简单的任务树立信心,这个男孩的口吃完全能够治愈。

男孩自己也承认,这些不愉快,大多是弟弟的出生引起的。所以,我们也应当让他明白,使他误入歧途的,其实是他内心的嫉妒。

与口吃相关的症状还有很多,这里有必要做个说明。比如,口吃的人情绪激动时会怎样?我们发现,很多口吃者因被激怒而骂人时,完全看不出口吃的症状。年纪大一点的口吃者在背诵和说情话时,一般也不会口吃。

这些现象说明,一个口吃的人是否会表现出口吃的症状,跟他说话的对象有关。换言之,当口吃者发现,自己必须通过语言与别人接触、建立关系时,心中就会形成紧张感,从而让口吃的症状暂时得到缓解。

孩子学说话的时候如果没遇到任何困难,就不会有人注意到他的进步,并给予高度关注;一旦出现了问题,他就会成为家人关注的焦点,甚至让整个家庭为他操心。孩子也会注意到这一点,并会有意识地控制自己的表达。

说话正常的孩子则不会这么做,毕竟故意操控自己的动作反而会在一定程度上引起功能的紊乱。

梅林克的童话《癞蛤蟆的逃脱》就是一个经典例子。癞蛤蟆遇到了一只长着千只脚的动物，并且注意到，这种动物能很好地控制1000只脚迈出的先后顺序。癞蛤蟆对此颇感兴趣，便问："麻烦你告诉我，走路时你会先迈哪只脚？剩下的999只脚又是如何迈出的呢？"

为此，这只千足动物陷入了思考，开始仔细观察脚的运动方式，想弄清楚这些脚是怎样依次迈出的。结果这只千足动物最后被自己的脚弄糊涂了，连一只脚都迈不出去。

所以说，弄清生命的过程固然重要，但试图操控生命的运动却有百害而无一利。我们应当顺其自然，只有这样才可能创造出艺术佳作。

口吃会给孩子未来的发展带来灾难性的影响，但一些家庭宁可找借口遮掩缺陷，也不愿帮孩子改变这一现状。还有一些家庭则对口吃的孩子关注过度，这也不利于他们成长。

孩子大都喜欢依赖他人，并且会借助显著的劣势来维护自身的优势。巴尔扎克写了一个故事很好地说明了这个问题。

故事中提到了两个商人，他们都想从对方身上占便宜。讨价还价中，一个商人说话突然开始口吃，希望以此赢得足够的思考时间，从而确保自身的利益；对手看穿这一诡计后，立马想出了装聋的对策，假装什么都听不见。为了让对方听明白，装口吃的人不得不费劲地说话，原有的优势瞬间丧失，双方也因此而扯平了。

有些口吃的人的确会利用这种小聪明来争取时间,但即便如此,我们也不能将他们像犯人那样对待。口吃的孩子应该被友好对待,要多加鼓励,他们的勇气会因此而逐渐恢复,这样的治疗才能真正起效果。

第五章

孩子为何会有自卑情结

每个人都同时存在着自卑感与追求优越感的心理。人们追求优越感，往往都是因为内心的自卑，并且希望做出一些成就来克服自卑。如果自卑感过于强大，超过了追求优越感的渴望，或者受生理缺陷的影响，自卑感陡然增大到人们无法承受的地步时，自卑情结就会出现，进而衍变成一种心理问题。自卑情结其实是一种过度的自卑感，会让人追求那些轻而易举就能得到的东西，以此获得内心的补偿感与满足感。这种自欺欺人的自卑情结过度放大了困难，驱散了努力奋斗的勇气，堵住了通往成功的道路。

我们不妨回过头去看上一章那个患有口吃的13岁男孩。他的持续口吃，与灰心丧气的状态不无联系，而口吃的症状又进一步强化了他的消极状态。这种模式，就是心理学中常说的神经性自卑情结的恶性循环。受自卑情结的压迫，他只想隐藏自己，拒绝与别人交往。他看不到希望，甚至可能萌生过自杀的念头。由于口吃已经成了他的表达方式，并且成了生活的一部分，他也因此备受身边人的关注，这在一定程度上又缓解了他的困惑。

这个案例很有启示意义。总的来说，这个男孩的生活还是朝着对自身与社会有益的方向发展，只是给自己设定的目标过于高远。他渴望获得别人的认可与至高的名望，希望成为地位显赫的人物。为此，他尽可能表现出友好和善的一面，同时把工作做得有条不紊。他也考虑到了失败的状况，于是口吃就成了最情有可原的借口。尽管这时的他看上去积极向上，却掩盖不了他的判断力和勇气已经遭受破坏的事实。

缺乏勇气的孩子能通过很多手段保护自己，口吃只是其中之一。对他们来说，类似于口吃的手段，就像大自然赋予动物自我保护的工具，如肢体的利爪和头顶的锐角。这些手段并非与生俱来，可在缺乏勇气的孩子眼里，它们都是应对生活的必需品。至于天赋和努力，他们并不认为借助这些就能通向成功。由此我们可以看出，正因为内心的脆弱和绝望，他们才不得已地依赖这些手段。有些孩子长大了也控制不住大小便，这说明他们仍旧怀念婴儿期，不愿离开没有烦恼的日子。真正因为大肠与膀胱有疾病而大小便失禁的孩子只占极少数，会使用这些伎俩的孩子，主要是想博得家长与老师的同情，即便这么做会引起同伴的嘲笑。所以，孩子出现这类行为，未必患了生理方面的疾病，还可能是内心的自卑情结流露出来了，甚至可能是他们追求优越感的一种危险而病态的表现。

不难想象，这个男孩的口吃最初或许源于一个很小的心理问题。过去很长一段时间里，他都是家中的独子，母亲可以悉心照顾他一人。后来弟弟出生，此时的他也已长大些，所以家人自然不会像过去那样关注他，允许他表现的机会也越来越少，于是他就想到了口吃这种新伎俩,以重新引起家人的关注。因为他发现,他说话口吃时,周边的人连他的口型和吐字都会注意。在他看来,他已经成功通过口吃将家人的注意力从弟弟身上转移回来了。在学校也差不多,因为口吃,老师不得不在他身上花更多的时间。

不管在家还是在学校,口吃都能让他获得额外的"优势",这就是口吃具备的特殊意义。他能跟班上的好学生一样,受到别人的关注,这正是他要达到的目的。他确实是个好学生,但这个"好学生"的形象不是通过勤奋努力建立的;他也确实通过口吃得到了老师的宽容,但这种方法并不值得提倡,只要所获得的关注没达到预期,他受到的伤害就会比其他孩子大。在家中,现在弟弟才是家人关注的焦点,要努力获得最初的关注不仅非常困难,而且也不切实际。和其他孩子不同,他还无法转移自己的兴趣。母亲是他在家中唯一关注的人,其他人的态度他其实并不在意。

治疗这样的孩子,首先要做的就是鼓励,让他们相信自己的能力与天赋。和他们相处时,我们也要怀有同情心,与他们友好交往,而不是摆出严厉的态度威慑他们。做到这些还不够,我们还应当通过建立起来的友好关系,鼓励他们不断获得更高的成绩;同时,还要培养他们的独立意识,想方设法让他们相信自己的精神与力量,让他们明白,只要够勤奋、有毅力、勤练习、有勇气,就能实现憧憬的梦想。

教育孩子时，有一种做法是大错特错的，那就是断定误入歧途的孩子不会有好结果。这样做不仅不能改变现状，还会让孩子变得更加怯懦。其实，我们应该像诗人维吉尔说的"我能，是因为我相信"一样，积极鼓励他们。认为贬低、羞辱就能促使孩子转变，这是极其错误的想法。有时，孩子突然改变自己的行为，的确是因为害怕被嘲笑，但这都是假象。下面这个案例就能说明这种做法是无效的。

有个男孩不会游泳，朋友为此不断嘲笑他。由于忍无可忍，他纵身跳入深水中，后来人们费了很大力气才把他救上岸。显然，这个男孩非常怯懦，不敢承认自己不会游泳的事实，于是在自尊受到侵犯时选择了铤而走险。很多人都会这样做来克服怯懦心理，但他的铤而走险不仅没有克服内心的怯懦，反而强化了他不能面对现实的心理倾向。

怯懦是一种不好的人格特质，它能破坏一切人际关系，并且让人形成一种自私、好斗的价值观。怯懦的人不会考虑别人的感受，并且会为了获得肯定不惜牺牲他人利益。怯懦的人虽然缺乏社会意识，但对他人的看法却非常在意，甚至感到恐惧。他们害怕被别人嘲笑、轻视、贬损，所以他们极容易受别人看法的影响，仿佛生活在一个充满了敌意的国度之中，内心慢慢也会变得多疑、嫉妒、自私。

怯懦的孩子很容易成为挑剔的人。他们很少赞扬别人，甚至会因为别人受到了表扬但自己没有而心生嫉妒。如果一个人想超越别人，但又不愿意努力做出成就，只是一味地寄希望于贬低他人，这种人就是怯懦者。教育工作者如果发现一个孩子对竞争者萌生了敌意，首先要做的是引导他从这种误区中走出来。

不过，彻底纠正这种因敌意而滋生的不良性格特征，教育工作者往往也无能为力。这时，教育工作者应当指出这些孩子的错误，告诉他们不努力就想赢得别人的尊重是不对的；同时还要帮助他们与其他孩子建立友好的感情，教育他们即便同伴做错了事、成绩不好也不要轻视他们。因为轻视会加重人的自卑情结，让他们失去生活的勇气。

如果一个孩子对未来不自信，他在现实中遇到困难就很容易退缩，并且会从对生活无益、无用的方面寻求补偿。教育工作者要做的就是让孩子的勇气不丧失，如果勇气丧失了，就应当在第一时间帮助他们重拾信心。这是老师的天职所在，说它是最神圣的职业也不为过，只有当孩子能够满怀希望地憧憬未来、勇往直前时，教育的真正目的才可能实现。

孩子对自己的评价也非常重要。单纯地提问，很难了解孩子对自己的真实评价。问题设计得再巧妙，他们的回答多半也是不确定或者含糊其辞。通常，孩子的自我评价分两种：一种认为自己很了不起，另一种则认为自己毫无价值。我们通过观察发现，认为自己毫无价值的孩子，他们的家长常常会用"你没用"或"你真笨"之类的话反复打击他们。不少孩子都曾因这些负面评价而受到伤害，但也有少数孩子认为这些话伤害不了他们，因为他们会用贬低自我的方法保护自己，比如贬低自己的天分与才能。

如果无法通过提问的方式了解孩子对自己的评价，我们就只能从他们面对问题时的心态与解决问题的方式中寻求突破口。比如，我们可以了解他们在面对问题时，到底是自信果断，还是犹豫不决。如果犹豫不决，则说明他们的信心与勇气都不充足。

有个孩子的案例很好地反映了这一点。起初，这个孩子在面对问题时，至少看起来信心十足；后来，离问题的本质越近，他反而变得越缩手缩脚，甚至停下脚步，始终不触及问题的核心。有时，人们会将孩子的这种表现归为懒惰，或者是散漫。尽管这两种描述看上去不同，但本质都是一样的。有这种表现的孩子不会集中精力去解决问题，而是选择极力逃避眼前的障碍。见到这种情形，人们或许会误认为原因在于缺乏天赋、能力不足。如果了解全部情况，并且懂得使用个体心理学的原则进行分析，就会发现这些表现跟天赋与能力没什么关系，真正的原因是缺乏信心与勇气。还有，如果一个人只知道关注自我，那他就是社会生活中的畸形人。有些孩子特别注重追求优越感，同时无视甚至敌视他人，表现得反动、贪婪、自私，这样的孩子就是畸形人。

通过观察一些行为备受指责的孩子，我们总能找到一种显著的人性特征。这些孩子在生活中习惯与人保持距离，很少与他人合作，社会情感在他们身上基本体现不出来，但他们又渴望获得在人群中的归属感。原因在于，人的自我与世界之间的关系总会或明或暗地表现出来，而且自卑感与这种表现息息相关。所以，只要确定了自卑感的表现形式，就能弄清具体的个人及其与世界之间的关系。

自卑感可以通过很多方式表露出来，眼神就是其中之一。人的眼睛不仅能用来观察世界与感光，还能帮助人们理解并进行社会交流。一个人在打量别人时，所采用的方式能表现出他与人交往的态度和亲密度。因此，一些心理学家与作家都特别注重对眼神的观察。每个人都能从对方的眼神中了解到其对自己的看法，也能以同样的方式向对方展现自己的灵魂。这种对眼神的解读未必一定正确，但至少能据此看出一个人是否真的友善。

我们知道，一个孩子如果不敢直视他人，说明他一定有问题，但这并不代表他品行不端，或者习惯不好。躲闪的眼神只能说明，他不希望与别人有太亲密的接触，哪怕这种交际接触非常短暂。和眼神一样，人与人之间的距离也在传达一种信号。比如，你叫一个孩子来到你身边，他一般都会先和你保持距离，判断一下具体的情况再说，如果确实有必要，他才会进一步考虑要不要接近你。一个孩子如果对亲密相处心存顾虑，也许是因为他曾经在这方面有过负面体验，而他又以偏概全地将这种亲密关系扩大，就会草率地认为所有的亲密关系都不好。事实上，孩子与真正最喜欢的人之间的距离，远比他口头上宣称的最爱的人亲密得多。

真正自信、勇敢的孩子，走路昂首挺胸，说话声音洪亮，眼神毫不畏惧；有些孩子则不同，他们和别人说话时唯唯诺诺，对环境无所适从的胆怯和自卑表现得淋漓尽致。

在讨论自卑情结的问题时，很多人都认为这种情结与生俱来。胆小怯懦的父母，很可能生出同样胆小怯懦的孩子；在学校沉默寡言的孩子，他的家人大都也不善于与他人交往。对此，人们的第一反应是性格遗传，然而这种结果跟遗传没有直接关系，主要是因为孩子成长的环境就充满了怯懦。家庭环境给孩子的成长与发展能带来至关重要的影响，孩子难以与他人交往，跟大脑与其他器官的物理变化也没有直接关系。事实上，不管一个孩子多么勇敢，要想让他失去勇气，变得胆小怯懦都是可以做到的。所以，"自卑是先天造成的"这一观点并不成立。下面这个案例有助于我们理解上述的内容。

有个小男孩有先天性的器官缺陷，并且受病痛折磨了一段时间，这些不幸遭遇让他陷入了压抑的状态，认为外部世界充满了冷漠与敌意。体质虚弱的孩子，生活上非常依赖别人。全心全意的照顾虽然减轻了他在生活上的负担，但同时也容易让他产生强烈的自卑感。单从体型和力量上来看，孩子与成人之间的差距就很大，而且成人也会经常告诉孩子："小孩子就应该被照顾，而不是对大人指手画脚。"这些印象都会让孩子在面对成人时感到自卑，继而让孩子相信，自己确实处在弱势地位。因为孩子会发现，自己身材比成人更矮小，力量也明显更微弱，不平衡的感觉很容易在内心滋生。这种自认为矮小、微弱的意识越强，就会越渴望获得的比别人多、本领比别人强，这也为他追求别人的认可新增了一份动力。但是，这样的孩子从来没有考虑过该怎样与身边的人友好相处，只知道凡事"为自己着想"。那些不合群的孩子往往都是如此。

所以，我们能在一定程度上认为，身体虚弱、患有残疾、相貌丑陋的孩子，内心的自卑感大都非常强烈，而且容易导致两种极端行为的发生，即与他人说话时，要么唯唯诺诺，要么咄咄逼人。这两种看似完全相反的表现，其实都出于相同的原因——渴望获得别人的认可。由于对生活不抱太大的希望，也不相信自己能为社会做贡献，所以在他们身上几乎看不到什么社会情感。此外，也许还存在另一种可能，那就是他们身上仅有的社会情感，也被用来实现个人的目的，比如成为备受世人关注的领导或者英雄。

一个孩子如果常年朝着错误的方向发展，要想改变他的生活方式，就不能寄希望于一两次的谈话。比如，某个孩子在过去两年里，数学成绩都不好，要让他在两个星期内就迅速提高成绩，这很不现实。但我们也知道，成绩最终是可以提升的，所以老师与家长都要保持耐心。孩子一开始取得了进步，但后来又出现了波动，这时就要告诉他，进步不是一劳永逸的事情，这样做至少能让他心安，不至于很快就失去信心。孩子之所以会在成长的路上偏离常态、出现欠缺、陷入困境，是因为整体人格的成长出现了偏差，这是我们反复强调过的。只要他们不存在先天性的智力障碍，我们所做的一切努力就都能看到效果，因为一个正常的孩子，身上具有的勇气本身就能帮他克服困难。

能力不足，或者由行为表现出来的愚笨与冷漠，这些都不能说明孩子的智力有问题。有些孩子智力发育迟缓，造成了一定的生理缺陷，给孩子带来了不小的心理阴影；随着年龄的增长，原有的智力缺陷可能会慢慢消失，但留在心理上的那些创伤却很难被抚平。可以说，被生理缺陷伤害过的孩子，即便日后体质健康，变得强壮了，也依旧是一个精神脆弱的人。

这里，我们想就此进行深入探讨。一个孩子变得自卑、自私自利，除了生理缺陷，不当的成长环境也是重要的因素之一，比如家长教育失当、关爱不足、管教严苛等，孩子会因此错误地认为生活非常辛苦，很容易以一种敌对的情绪看待周围环境。将由此造成的心理缺陷和生理缺陷给内心造成的不良影响相比，二者就算不完全相同，也会高度相似。

所以，治疗那些在缺乏关爱的环境中成长起来的孩子，显然会更加困难一些。在他们看来，我们与那些曾经让他们受伤的人一样，为帮助他们上学所付出的努力，也会被他们视为另一种压制手段；他们总觉得别人会束缚他们的自由，所以会抓紧一切机会反抗；他们也无法正确地看待自己的伙伴，因为在面对那些有过幸福童年的孩子时，他们的眼中只有嫉妒。

因为心怀怨恨，这些孩子往往会想破坏别人的生活。由于没有足够的勇气适应环境，但又想掩盖自己的软弱无能，因此这些孩子在对待比自己弱小的人时，要么会欺负他们，要么会讨好他们。当这些孩子发现自己可以掌控这些人时，就会和他们友好相处。不少孩子深陷于这种状态中，很多大人也一样，只和有过不幸遭遇的人交往。通过观察我们发现，这些孩子要么只与处境比他们更差的孩子交往，要么喜欢与比他们小且不如他们的孩子交往。其中，男孩更愿意和那些温柔可人、百般顺从的女孩交往，原因不在于这种异性更有吸引力，而在于能够从她们的身上获得补偿，以掩盖自身的无力。

第六章

怎样预防孩子的自卑情结

曾受生理缺陷困扰的孩子，他们的心理发展很容易出现问题，甚至可能因此变成悲观者。就算随着时间的推移，他们的生理缺陷慢慢消失了，但在心理上造成的伤害却依然存在。大部分患佝偻病的孩子就算痊愈了，疾病给他们留下的生理痕迹也难以消除：罗圈腿、行动迟缓、支气管炎、头部畸形、脊椎变形、膝部肿胀、关节乏力、体态不佳等。因为患病而产生的挫败感和悲观态度将伴随这些孩子一生。即便是能够轻松自如地活动，他们的内心也很容易感到压抑与自卑。由于缺乏正确的认知，他们无法正确判断自己的处境，要么过分轻视自己，对自己不抱任何信心，不想努力进步；要么无视身体的不足，怀着一种极度强烈却又不切实际的心态，去超越比他们幸运的同伴。

天赋无法决定孩子的发展方向，客观环境也是一样。起决定作用的，其实是孩子对客观现实的理解，以及他们与客观现实之间的关系，弄清这一点非常重要。与生俱来的能力不是主导因素，如果孩子天生就爱犯错误，后天的教育也不可能促进他们好转或改变，这样一来，我们不仅不能，也不会从事儿童教育方面的工作。类似的，成人站在自己的角度对孩子给出的评价与看法也不重要，重要的是换位到孩子的视角去看待他们的处境，理解他们为什么会做出错误的判断。不要做出错误的行为，像成年人一般理智行动，这都是对孩子寄予的错误期望。家长要意识到，在理解自身处境的问题上，孩子一定是会犯错的。如果孩子不会犯错，儿童教育也就没了意义，还要它干什么呢？

有一种说法叫：身体健康，体内的灵魂就会健康。然而事实并非如此。一个孩子如果可以克服生理缺陷带来的不良影响，勇敢面对生活，就算身体存在缺陷，灵魂也能保持健康；相反，一个身体健康的孩子如果遭遇不幸、受到挫败就怀疑或轻视自己，这样的身体肯定无法形成健康的灵魂。

部分孩子除了有运动障碍，还有学习语言的障碍。很多时候，小孩学说话与学走路这两件事都是同时进行的，但这不代表孩子的语言能力与运动能力之间存在必然联系，它们的形成，与孩子接受的教育和所处的家庭环境紧密相关。有些孩子说话本来没有困难，但因为父母不注重教育，反而让他们出现了学习语言的障碍。正常情况下，生理发育良好的孩子，到一定年龄之后，自然而然就会说话了。

当然，在个别情况下，比如孩子的视觉能力特别强，他们说话的时间就会比一般的孩子晚一些。另外，如果孩子还没开口，父母就替他们表达了，甚至满足了他们的需求，孩子自我表达的欲望就会因这种过度的宠爱而受到抑制。受上述因素影响，这类孩子学会说话的时间会更晚，家长也更容易担心他们是否有语言表达方面的障碍。不过，晚说话的孩子一旦学会说话，往往会更愿意用语言进行表达，成为能言善辩者甚至演说家的概率更大。

克拉拉·舒曼是作曲家舒曼的妻子，她就是一个例子，4岁还不会说话，即便到了8岁，能表达的内容也不多。她性格独特而内向，喜欢待在厨房里消磨时光。我们推断，这可能是家人之前对她关爱不足导致的。对此，她的父亲评价道："令人惊异的是，如此明显的精神不协调，却开启了她那格外和谐的一生。"（译者注——克拉拉·舒曼，德国著名女钢琴家，5岁随父学琴，8岁就能开独奏音乐会，19岁登上了维也纳乐坛，后以演奏肖邦与舒曼的作品著称。其父亲佛列德·威克是莱比锡有名的音乐教师，也是一位个性刚强的教育家。由于过早与妻子离异，为了弥补孩子失去的母爱，威克先生有意对女儿加倍疼爱并悉心栽培，最终让她克服了性格的缺陷，并拥有了辉煌的人生。）

不论聋哑儿童的听觉缺陷多么严重，我们都应给予最大限度的治疗，并辅以特别的训练与教育手段来改善，这一点很重要。越来越多的例子表明，完全丧失听力的孩子特别罕见。德国罗斯托克大学的大卫·卡茨教授就曾亲自证明过，他是如何成功地把诸多被认为没有乐感的人，引上了能够全面欣赏音乐和其他灵动声音的道路。

有时候，即便一个孩子大部分功课都学得很好，只要有一门不理想，人们就会质疑他的学习能力；如果这门功课是数学，人们的质疑就会更强，甚至会怀疑他是否有智力方面的障碍。数学很差的孩子并非一定有智力障碍，还可能是其他原因导致的，比如曾因为解答某个难题而失去信心，于是讨厌学习数学；或这个孩子所处的家庭本身不重视数学，这种情况在少数艺术家的家庭中可以体现出来。

另外，社会上还存在着一种普遍的偏见，认为男孩比女孩更擅长学习数学，这很容易让女孩失去学习数学的信心。事实证明，这纯属无稽之谈，因为在优秀的数学家、统计学专家中，女性所占的比例并不小。

不过，数学成绩好不好，倒是我们衡量孩子心理是否健康的一项重要指标。能给人带来安全感的学科不多，数学就是其中之一。这门学科是一种神奇的思维操作，单纯借助数字就能让我们周围混乱的世界稳定下来，而内心强烈不安的人，往往会在计算方面表现出一些障碍。除了数学，能给人带来安全感的学科还包括：写作、绘画、体操、舞蹈。写作之所以算，是因为它能让存在于心底的声音跃然于纸上，绘画则是因为能用色彩、线条记录下流逝的光学印象，体操和舞蹈则是让练习者可以和谐自如地控制身体。许多教育工作者都认可体育运动的教育意义，或许就是这个原因。

自卑感强烈的孩子，往往很难学会游泳。孩子能非常轻松地学会游泳是一个好现象，这代表他今后也能像这样克服其他的困难；相反，学习游泳存在障碍的孩子，不仅会对自己失去信心，也很难再信任他的游泳老师。有个现象值得关注，不少游泳健将,小时候学习游泳时或多或少都有一些障碍。造成这种前后反差巨大的原因可能在于,小时候对遇到的困难过于敏感、无法忘怀,等学会之后,内心又大受鼓舞,继而追求更高的目标,于是大有所成。

掌握孩子和家庭成员的亲密度,这一点非常重要。通常,孩子与母亲的关系最亲密;如果无法与母亲亲密相处,这种关系就会转移到家庭中另一位成员身上。每个孩子都是如此。如果一个由母亲抚养长大的孩子,和他关系最亲密的却是家中的另一位成员,其中的原因就非常值得探讨了。如果孩子将全部的兴趣和注意力都集中在母亲身上,这并不是一个好现象,因为让孩子把兴趣和信任转移到同伴身上才是母亲真正的职责。

孩子成长的过程中,祖父母扮演的角色也至关重要,最直观的表现就是溺爱孩子,这是由于老年人往往担心自己年迈无用,内心的自卑感变得过分夸张造成的。因此我们平时见到的老人要么吹毛求疵、絮絮叨叨,要么内心柔软、面目和善。为了能在孩子面前凸显自己的价值,他们从来不会拒绝孩子提出的任何要求。所以那些习惯了祖父母家庭中溺爱氛围的孩子,重新回到父母家中时,就会不适应充满约束且要求严格的环境,抱怨没有在祖父母家过得舒服。我们强调祖父母对孩子成长可能带来的重大影响,为的是让那些着重研究孩子某种生活风格的教育者引起重视。

佝偻病可能导致孩子行动笨拙(详见本书附录一中的第 2 组

问题)(译者注——此处疑为原著者笔误。经核实,附录一中的第 3 组问题更契合本处内文。),如果在长期治疗之后,这种状况没有得到丝毫改善,很可能是因为平时的照顾太过于周到,以至于将他们宠坏了。每个母亲都要懂得教育的智慧,就算孩子病重需要照顾,也不能抹杀了他们独立的能力。

这组问题对母亲的溺爱是否给孩子造成了不好的影响非常关注。如果确实有影响,就说明母亲的溺爱会让孩子失去独立的能力,所以孩子在睡觉、起床、吃饭、洗澡时才会状况不断,严重的还会夜里做噩梦或尿床。如果具有以上症状,我们可以断定,这个孩子的成长环境存在问题。频频出现的状况将成为他们制约大人的武器。这时,家长的惩罚不会有任何效果,因为孩子会不断制造更大的麻烦进行反击,好让父母明白他们对这些惩罚并不畏惧。

孩子的智力发展水平是一个非常重要但却很难准确评估的问题。有时,人们会借助比奈——西蒙量表(Binet-Simon Scale)(译者注——一种测量人类智力发展水平的工具,包括 30 个测量一般智力方面的项目。主试者会根据测试内容向被试者提问,被试者需要正确作答或完成指定任务。最终,主试者会根据被试者的表现打分,继而得出测试成绩。该表由法国实验心理学家 A. 比奈首创,与 T. 西蒙二人合作制定。)对智力进行评测,但这种测量的结果不能保证绝对准确,其他类型的智力测试也一样。人的智力水平并非终生不变,家庭环境是影响孩子智力发育的决定性因素。一般，物质环境较好的家庭能给孩子提供更好的帮助，让孩子的生理、心理发展都处于较好的水平。心理健康发展的孩子，往往更容易从事脑力劳动，或者回报优厚的职业；心理发展欠佳的孩子，大都从事体力劳动，或者不太体面的职业。很显然，来自贫困家庭的孩子大都属于后者。我们注意到一件事情，部分国家专门开设了一种班级，只招收学习较差的孩子，希望他们能在良好的环境下，通过特殊的培训方式成长起来。实践证明，这些孩子在学习上都取得了巨大进步。我们因此可以断定，在贫困家庭中长大的孩子，只要改变他们所处的物质环境，同样可以取得好成绩。

嘲笑会让孩子灰心失望。有些孩子对别人的嘲笑不在意，有些孩子则会因此变得情绪沮丧。一个沮丧、不自信的孩子会处处回避困难，并且格外关注别人对他的评价。如果一个孩子习惯和他人争斗，并认为不这么做就会被他人反制，则说明他对身边的环境充满了敌意。他打心底里不认可顺从，并把它视为卑微无能的标志。在他的眼里，礼貌回应别人的问候也是一种屈辱的表现，所以他的行为总是傲慢无礼；他很少抱怨，因为他习惯将抱怨与低声下气画等号；他也很少哭泣，甚至会用大笑掩盖哭泣，让人觉得他似乎冷酷无情。其实，这些表现都是内心脆弱的反应，脆弱隐藏在每种冷酷行为的背后。冷酷的孩子往往也不修边幅，爱啃指甲、掏鼻孔，而且屡教不改。教育好这些孩子不仅需要鼓励，还要让他明白，这些看似冷酷的行为，不过是在掩饰自身的脆弱与内心的恐惧罢了。一个真正强大的人是不屑于表现得冷酷的。

第4组问题是，一个孩子能否与人友好相处、是否善于交际，或者能否成为一个领导者，这其实都与他的人际交往能力有关，由此可以看出，他的社会情感发展到了什么程度，是否足够自信，对别人的控制欲是否强烈。孩子不愿与他人交往，说明内心缺乏与人竞争的信心，同时也说明他的求胜心太强，所以才会对交际行为百般顾虑，担心自己无法在群体中保持主导地位。有收集癖的孩子需要多加留心，他往往极富野心，同时贪得无厌，希望让自己变得更强来超过别人。这种过分依赖外在支撑的孩子内心都非常脆弱，比一般的孩子更渴望被关注。一旦被人忽视，他甚至会通过偷盗等极端方式来引人注目。

第5组问题与孩子对学校的态度有关。一个恐惧上学的孩子，在不同的情况下也会有不同的表现，这些情况都应该引起关注。比如，上学磨蹭拖拉、经常表现出拒绝上学等过激情绪；老师只要布置家庭作业，他们就会紧张、激动乃至心悸，个别孩子甚至会出现类似于性兴奋的表现。有些孩子对考试特别紧张，因为学校会根据分数将他们分类，如同终生判决一般，所以我们并不提倡学校打分排位的做法。

孩子愿意做家庭作业吗？忘记做作业说明他可能有逃避责任的倾向。此外，做作业时不认真、不耐烦等，都是孩子厌学的表现，因为他们更愿意用这些时间做其他的事。

孩子到底懒不懒？不少孩子都不懒，只是他们不愿被别人视为缺乏能力的人。没有完成作业的孩子，宁可别人说他们懒，也不愿意别人说他们能力不足或天资不够。懒惰的孩子只要做好了某件事，立即就会有人赞扬他："你看，只要他不懒，很多事情都能做好。"这种评价往往能让他们感到满意，因为他们无须再向别人证明自己的天赋和能力。勇气不足、精神萎靡、依赖他人、难以独立的孩子属于这一类；通过扰乱教学秩序引起别人注意的孩子，以及在溺爱中长大的孩子也属于这一类。至于孩子对老师的态度如何，这个问题很难回答，因为他们一般都不会将最真实的感情表露给老师。

有些孩子似乎戴着一张面具，终日摆出一副无所谓、麻木冷漠、被动消极的样子，对一切都不在乎，要不是有人逼迫，他们甚至都不屑于去做一般的小事。其实呢，他们心里在乎得很，一旦事情不如意，他们很容易情绪失控，继而大动肝火、勃然大怒，严重的还可能会自杀。这是他们勇气不足、害怕受挫，同时又眼高手低导致的。教育他们，最好的方式就是给予鼓励。

我们注意到，渴望在体育运动方面表现突出的孩子，同样希望能在其他领域一展身手，但他们又特别害怕失败。阅读量远超同龄人的孩子也普遍缺乏勇气，所以才会将让自己变强的希望寄托在阅读上，即便他们想象力非常丰富，但直面现实时依旧会慌乱不已。孩子特别青睐哪一类书籍是非常重要的，色情读物就很容易引起青春期孩子的关注。很遗憾，每个大城市都有这样的读物售卖，旺盛的性欲和对性经验的渴求让孩子很难抵御这方面的诱惑。所以，提早对孩子进行性启蒙教育，让孩子与父母建立友好关系就显得特别重要。这既能冲抵不良刺激给孩子带来的有害影响，还能教育孩子要为未来成为一个好伴侣做足准备。

第 6 组问题与整个家庭的健康状况有关，主要看成员中有没有精神病、肺病、癫痫等重大疾病史。这类家族疾病史很容易影响孩子的成长与进步，如果可以，最好不要让孩子知道家中曾经有人得过精神病、肺癌或其他癌症。这些疾病很容易让整个家庭陷入阴霾，因为不少人都迷信地认为它们会遗传。事实上，它们真正能带来的最大影响，是会严重危及孩子的精神与心理状态。父母如果患有慢性疾病，他们的孩子会因此背负严重的精神负担；家中有人习惯酗酒或犯罪，这些恶习也会像病毒一样，给孩子造成无法抵御的伤害；而有癫痫病患者的家庭，家人渴望的和谐生活状态，很容易被患者经常发作的过激行为打破。

不过，所有疾病中，能给家庭造成最严重危害的还是梅毒。父母患有梅毒，他们的孩子往往也特别虚弱。由于身患梅毒，父母应付自己的生活问题都困难重重。因此，单从有利于孩子成长的角度来看，让他们远离这样的家庭环境会更好，但要找到一个合适的安置场所，又是一个新的难题。

有一个事实我们不能忽视——家庭的经济状况会影响孩子看待生活的方式以及他们的价值观。生活在贫困家庭的孩子和家庭条件优越的孩子相比，总会由内而外地表现出一种匮乏感。家庭条件优越的孩子，一旦家道中落，或者处境不如以往优越时，也会显露出畏难的情绪。如果父母的家庭条件不如祖父母那么优越，这些孩子也会感受到强烈的不安。彼特·根特的家庭就是这样，他的父亲一事无成，但祖父位高权重。他一直为此而困惑。所以他和诸多在这种家庭中成长的孩子一样，表现得异常勤奋，其本质是在抗议父亲的懒惰。

孩子第一次意识到死亡时往往倍感震惊，他们会因此懂得生命也有尽头，同时学会同情他人不幸的遭遇。不少医生之所以选择从医，就是因为深度体验了一次可怕的死亡经历。不过，死亡也有可能让孩子心生恐惧，并使他们变得沮丧、灰心，从而陷入巨大的阴影之中。孤儿或继子往往就是这样的例子，在他们眼里，父母的死亡就是导致他们不幸的原因。因此，最好不要让孩子过早地认知死亡，他们还小，很难以正确的心态来看待死亡。

家庭中谁说了算，这一点也很重要，一个家庭通常且应当由父亲做主。由母亲或继母做主的家庭，或多或少会给孩子的成长造成负面影响，这种家庭中的父亲往往也不被孩子尊重；在这种家庭中成长起来的男孩也很容易对女性形成一种难以消除的畏惧感，要么会因为惧怕而回避女人，要么会让包括他妻子在内的所有女性成员倍感痛苦。

教育孩子时，究竟是严厉好还是温和好？在个体心理学中，这两种极端做法我们都不主张。理解孩子，不断鼓励他们直面问题、解决问题，进一步培养他们的社会情感，这才是教育孩子的正确方法。如果教育过于严苛、百般挑剔，很容易让孩子失去勇气；如果教育过于温和、宠爱，又会让孩子形成依赖心理。所以，父母引导孩子认知世界时，既不要用玫瑰色来装点美化，也不要过分使用悲观色彩大加渲染。父母要做的，是让孩子最大限度地为生活做好准备，能游刃有余地应对未来。如果这些都没有教会孩子，那让他们拿什么去直面困难、解决困难呢？所以他们最可能做的选择，就是逃避生活中遇到的一切困难，最终让生活的范围变得越来越小。

孩子的抚养人也是我们需要了解的对象。抚养人未必限定为母亲，如果母亲不能亲自抚养孩子，至少要深入了解代她们管教孩子的人。在实践中学习是教育孩子的最佳方式。当然，这种方式要限定在合理范围内。这时，孩子做出的一切行为就会符合客观事实，与他人的强迫和限制都没有关系。

第7组问题与孩子在家中的位置有关，这会给孩子性格的形成与发展带来深远影响。独生子女、只有哥哥弟弟的女孩或只有姐姐妹妹的男孩，他们在家中的位置都非常特殊。

第8组问题与职业选择有关。这也是一个非常重要的问题，它展现了环境给孩子造成的影响、孩子社会情感的发展状况，以及他们最终形成的生活节奏。

第9组问题涉及白日梦，第10组问题涉及童年时期的记忆，这两组问题也都很有意义。童年时期的记忆是孩子生活状态的高度浓缩。梦境能展现孩子的发展方向，能看出他们在面对问题时，是积极主动地尝试解决，还是想方设法逃避。

一个孩子到了 15 岁时，如果还不知道自己的理想是什么，就说明他已经对未来灰心丧气了，此时我们应当为他提供相应的治疗。另外，孩子所处的家庭中，家人的职业、兄弟姐妹的社会地位与差异、父母的婚姻状况，这些也都是我们应当了解的内容。我们要做的就是正确判断孩子所处的环境，结合问卷调查的数据，矫正并改善他出现的问题，并且在整个过程中做到言行谨慎。

第七章

社会情感的培养与孩子的健康成长

我们在前面几章讨论了不少追求优越感的案例。这一章和之前的内容不同，因为不少孩子和成人会表现出另一种情况：他们渴望让自己与别人紧密联系起来，愿意与别人合作完成任务，希望由此成为一个对社会有用的人。这些现象，都可以从社会情感的角度来解释。那么，什么才是社会情感的根源呢？有关这个问题的答案，人们众说纷纭。据我们观察，问题的答案其实与每个人自身的观念紧密相关。

人们或许会问，和内心对优越感的渴求相比，表露出来的社会情感是否与人的天性更接近？我们认为，它们从本质上来讲是一样的，建立的基础都是人的本性。由于对本性的假设不同，这两种心理的表现形式也有显著的差异，但本质都是渴望得到他人的肯定与认可。渴求优越感的人认为，人不必过分依赖集体；而渴求社会情感的人认为，人应当依赖集体与社会。我们认为前者更合理，也更合乎逻辑，后者虽然在生活中更常见，但却显得很肤浅。

要想知道社会情感什么时候能与真理和逻辑相符合，我们需要考察人类历史。我们知道，人类习惯群居生活，这并不奇怪，当单个动物无法自保时，就会被迫选择群居生活。和狮子相比就会发现，人虽然也是一种动物，但人的生存环境非常不安全。不少与人类体型相当的动物，都拥有大自然赋予它们的更强大的攻击与防御武器，拥有的力量也更强大。

达尔文通过观察发现，习惯群体出没的动物，其防御能力大都不够强大。比如，体力显著更强一些的大猩猩，它们往往与伴侣独居，而其他体型更小、力量更弱的猿类则习惯群居。正如达尔文说的那样，大自然没有赋予它们锋利的爪牙与强有力的翅膀，所以它们只能通过群居来弥补这些不足。此外，群居还能让它们发现新的保护方法来改善处境、确保安全。比如，有些猴群会安排成员先行查探，看看周围是否存在敌人。这种方式可以汇聚个体的力量，提升集体的能力，同时弥补个体力量的不足。再如，野生的牛群会排成一个圆形的防御圈来抵御体型远超过自身的单个敌人。

研究这些问题的动物学家也指出，群居动物的这些表现最终会固定为一种秩序，就像人类的法律一样。比如，先行查探的动物要遵守特定的生活行为规则，一旦违反或出错，就会遭到所属群体的严厉惩罚。很多历史学家也认为，人类早期的部落守护制度与早期法律的形成息息相关。如果这种说法成立，也将帮助我们理解"无法自保的动物会选择群居"的观点。一切社会情感的形成都是能力不足的反应，而且与能力的大小关系密切。从人类的角度来说，婴幼儿时期是人类最无助且成长最缓慢的时期，所以培养社会情感最好从这时开始。

除了人类，没有任何一种动物的幼崽在出生时会那样无助。

人类由出生到成熟需要经历的时间最长，这倒不是因为孩子成长中要学习的内容太多，而是人类身体与各种器官发育的时间本来就很长。所以，人类孩子需要被父母保护的时间明显长于其他动物。没有这种保护，人类或许早已灭绝。出现在孩子身上的这段脆弱期，可以视为联系教育和情感的最佳时刻。孩子的身心都不够成熟，这种不成熟需要借助群体的力量来克服，而教育就是最佳的选择。所以，教育的目的一定带有很强的社会性。

所有教育规则和方法都遵循一个前提，那就是时刻牢记群体思想和社会适应思想。不论有意还是无意，我们都会赞美那些利于社会发展的行为，而对那些不利于社会，甚至会损害社会的行为，我们总会予以抵制。

我们会注意到教育方面的不足，是因为意识到它们会对社会产生不利影响。大到人类伟大成就的实现，小到个人自身能力的发展，都必须以社会情感为基础。为此，我们以语言为例来说明。语言因人类群居而产生，是人与人沟通的桥梁，它的存在与发展充分证明了人类是典型的群居动物。只有以群居、社会思想为基础，才能充分理解语言背后所反映的心理。对独居的人来说，语言不是必要的工具，自然也不会对学习语言产生兴趣。在封闭、隔绝的环境中长大的孩子，难以融入社会生活之中，这也会给他们学习语言带来巨大障碍。与语言有关的能力，一定是在人与人的交流中培养起来的。

我们平时会拿一个孩子与另一个孩子比较，认为善于说话和表达的那一个孩子语言天赋更好,其实不然。语言表达有障碍,或难以与他人自由交流的孩子往往缺乏社会情感。这种障碍的形成大都来自家人的溺爱,使得孩子还没来得及表达自己的愿望,家人就已经为他们安排好了一切。这时,孩子就会觉得说话没有必要,他们与外界接触的意愿就会慢慢减弱,适应社会的能力也就逐步下降了。

有的孩子说话犹犹豫豫,甚至不愿意开口,一个很重要的原因在于,父母经常不让他们把一句话完整地说完,也不给他们回答问题的机会;还有的孩子则因为说话时曾被他人讥笑、嘲讽,因而丧失了信心。很多家长都有一种不好的习惯,即当孩子说话时,不停地指出并纠正孩子的错误,这会给孩子带来很不好的影响,严重时还会造成孩子的自卑。我们在生活中就经常遇到这种情况,有些人在说话之前会习惯性地说一句"请大家不要见笑",会这样说的人,童年时期一定有过因说话而被他人取笑的经历。

有这样一个案例:一个孩子的听说能力都正常,但他的父母是聋哑人。这个孩子难过的时候,从不大哭大闹,只是默默地流泪。因为他知道,不管发出多大的声音,他的父母都听不见,唯有当他伤心落泪时,他的父母才知道他此刻非常难过。

一个无法正常表达社会情感的人,他的理解、逻辑推理等能力的发展也会受到限制。与世隔绝的人不需要使用逻辑推理能力,甚至可以说,他的这种需求不会比一只动物多多少。生活在社会中的正常人,一辈子都要与他人接触、交往,因此必须懂得语言、逻辑与常识，还要培养一定的社会情感。人之所以要经常思考，也是基于这样的目的。

我们有时会认定一些人的做法不太明智，但如果站在当事人的角度，又会觉得这些做法合情合理。有些人总认为别人看问题的眼光与他们一样，上述现象在这种人身上就非常常见。这也表明，判断某种行为是否合适时，社会情感与常识都起着非常重要的作用。换个角度其实更好理解，如果社会生活很简单，人就不会面临错综复杂的问题考验，培养常识也就没有任何意义。原始人的生活相对简单，也没有外部动力刺激他们的思维朝更深、更广的方向发展，所以他们能在很长的时间里停滞不前、保持原样。

社会情感对推动人类语言与逻辑思维能力的发展也起了至关重要的作用。上天赋予了人类语言和思维的能力，因此我们每个人在解决问题时，如果完全不顾所处的社会环境，只使用自己才能理解的语言，整个社会一定会乱套。安全感源于人的社会情感，是一个人生活的精神支柱，它看上去与我们思考逻辑、相信真理等行为没有必然联系，却是让我们能够做出这些行为的重要前提。

为什么人们会对数学计算无比信任，以至于人们认为，只有能用数字表达的事物才是真实并正确的？原因就在于，数学计算相较于其他的方式而言，它的传播难度更小，人们识别计算结果也比较容易，而那些难以被传播或分享的真理就很难让人信服。柏拉图按照数字与数学的模式构建他的哲学思想总纲也是出于这方面的原因。他让那些走出"洞穴"的哲学家重新回到"洞穴"

（译者注——柏拉图在《理想国》中讲述了一个意味深长的故事，生动阐释了哲学与哲学家的工作意义。有一群人世世代代生活在洞穴中，并把火光照出来的影子当成了真实的事物。后来，有一个人走出了洞穴，接触到了真实的事物，才明白影像是虚无的，太阳才是万物的主宰。柏拉图借此比喻世人容易把表象视为本质，把谬误当成真理。走出洞穴的人就是哲学家，可只有哲学家知道真相还不够，他应当回到洞穴去解救他的同伴，让更多的人知道什么是幻象，什么是真理），由此我们可以更好地看清他的哲学模式，或者说看清数学模式与社会情感之间的紧密联系。在柏拉图看来，如果一个哲学家不具备源于社会情感的安全感，那么他就无法以一种正确的态度面对生活。

如果让缺乏安全感的孩子与他人接触，或要求他们独立完成某项特定任务，他们内心安全感的缺失就会立即显现出来。此外，这些孩子在学习类似数学这种对客观和逻辑思考要求较高的学科时，也会表现出强烈的不安感。

一个人在童年时期，认知道德、伦理等概念时都比较片面。习惯独来独往的人也会认为，伦理学既让人费解又毫无意义。只有需要综合考虑社会与他人的权利时，真正意义上的道德观念才会出现并具有实际意义。不过，想要通过艺术与美学等方面来证实道德的作用却并不容易，因为这些领域自有一套普遍且统一的道德模式，其中的内容大都来自我们对健康、力量与社会发展的认知。艺术、美学界限的弹性很大，这也给人的兴趣发展提供了足够广阔的空间。但无论如何，这些领域的发展总归要遵循社会发展的方向。

那么，孩子社会情感的发展程度又该如何确定呢？我们认为，观察他所做出的特定行为是解答这个问题的关键。例如，我们注意到有个孩子总想表现自己，这时我们就能判断，和那些不急于表现的孩子相比，他就显著缺乏社会情感。受当代文化的影响，这种情况还比较普遍，所以我们可以说，现在很多孩子的社会情感都没有得到充分发展。

从本性上看，人类总是习惯性地以自我为中心，会为自己考虑更多，不同时代的道德家们就像是人类的审判者一样，对这类现象大加批判。他们习惯用道德说教的方式来批判，但这种方式对孩子、大人几乎不构成什么影响，因为单纯的道德说教，力量太过于单薄，难以促使情况发生根本性的转变；人们也很容易以这种方式来安慰自己，认为别人的所作所为未必会比自己好。

所以我们要明白，面对一个思维混乱，甚至已经在朝犯罪方向发展的孩子时，长篇大论的道德说教起不到任何作用。我们要做的，是深入研究他的方方面面，从根本上铲除他心中的有害思想。也就是说，我们这时扮演的不是审判他的法官，而是能帮助他的朋友，或者是能治愈他的医生。如果经常用坏、愚蠢等词语评价一个孩子，用不了多久，他就会认为我们并没有说错，继而失去面对困难与解决问题的勇气。他可能因此认为自己天生不如别人、能力非常有限，未来的发展空间也会因此受到限制。

上述这种态度充分展现了孩子的消极心态，而周边环境带来的不良影响是形成这种心态的直接原因。个体心理学认为，孩子所犯的一切错误，都能反映出环境带来的不良影响。比如，一个邋遢孩子的背后，总有一个替他收拾、整理的人；一个爱说谎的孩子，身边总有一个极度傲慢，且常常通过强硬、严厉手段纠正孩子说谎的家长。从爱吹牛的孩子身上也能找到环境留下的细微痕迹：一般情况下，这种孩子渴望被表扬，而不仅是出色地完成了任务；取得成绩时，最渴望得到家庭成员的赞赏。

每个孩子在家庭中的处境都不同，很多父母都会忽视这一点，有时还会产生误解。有兄弟姐妹的孩子与独生子的处境就有很大的不同。长子的处境往往较为特殊，因为他曾是家中唯一的孩子，次子无法体会这种经历。幺子是家中最小、最弱的孩子，他的处境也是他的哥哥姐姐无法体会的。如果两兄弟或两姐妹一同长大，年幼的孩子将会与年长且能力较强的孩子面对同样的困难。这种处境对年幼的孩子不利，其中的难处也只有他们自己能体会到。为了补偿这种自卑感，这些孩子往往会加倍努力，以便于超过哥哥或姐姐。

使用个体心理学研究一个孩子，可以确定这个孩子在家中所处的位置。如果年长的孩子取得了正常的进步，年幼的孩子也会因此而加倍努力，希望能在未来超过他的哥哥或姐姐，当然，这个过程也可能让年幼的孩子变得盛气凌人。如果年长的孩子水平较弱、得过且过，年幼的孩子也就不会表现出很强的去与哥哥姐姐竞争的意愿。

因此，掌握一个孩子在家庭中所处的位置非常重要，这能让我们对孩子的认识更清楚、全面。家中年纪最小的孩子，他们表现出来的特征一般都会与大多数年纪最小的孩子相同。当然，例外总是有的，最小的孩子也可能萌生出超越所有哥哥姐姐的想法。为此，他们可能废寝忘食、勤奋努力、积极进取，只为自己能做得比其他人都好。这种观察能直接影响到教育孩子时所选择的方法，因此意义非常重大。机械地使用一种方法教育所有的孩子，肯定不可取，因为每个孩子都是独特的。即便要依照特定的标准对众多的孩子进行分类，每个孩子也应当被视为独一无二的人。要让学校做到这一点非常困难，但在家庭中做到这一点则要容易很多。

家中的幺子还有另外一种情况，他们对自己根本没有信心，而且非常懒散，完全不同于上面提到的积极进取型。这种差异可以从心理学的角度来解释。渴望超越一切的孩子，由于野心勃勃，往往成天闷闷不乐，也更容易被困难伤害。一旦遇到看似难以逾越的障碍，他们就会逃避、退缩，反而不如那些没有野心的孩子表现得好。这两种情况可以用一句俗语来形容："要么都有，要么都无"（译者注——该句出自拉丁语"Aut Caesar, aut nullus"，其中Caesar指恺撒，nullus在拉丁文中是"零""无效""没有"的意思。对应的英文谚语是"Either Emperor, or nothing"，直译过来就是"All or nothing"，即"要么都有，要么都无"）。

《圣经》中记载了一些家中幺子最终取得了重大成就的故事，

这与我们通过心理学研究所获得的经验一致，像约瑟夫、大卫（译者注——约瑟夫，雅各的第 11 个儿子，年少时被卖往埃及为奴，最后成了埃及的统治者；大卫，耶西的第 8 个儿子，年少时是一个普通的放羊娃，最后建立了统一而强盛的以色列国。）都是典型的例子。有些人或许会对约瑟夫的例子表示质疑，因为他还有个叫本杰明的弟弟。不过，本杰明出生时，约瑟夫已经 17 岁了，所以我们认为把约瑟夫视为家中的幺子没什么不妥。

除了《圣经》，各种神话传说中都不乏幺子最杰出的案例，像德国、俄罗斯、斯堪的纳维亚或中国的神话故事中，不少幺子最终都成了征服者，所取得的成就远远超过了他们的哥哥或姐姐。这种现象比较普遍，其原因或许在于，古时候的幺子形象比现在更加鲜明、突出。那时的条件较为落后，这种现象造成的反差比今天更大，所以更容易引起我们注意。

一般情况下，孩子形成的人格特征与他们在家中所处的地位相一致。这一点还可以继续深入讨论，比如家中的长子就有很多相似的地方。依照这些相似点，可以将他们分成两到三种主要的类型。

我曾专门花了大量时间研究与长子有关的问题，但一直都没把它彻底弄清楚。直到偶然读到冯塔纳（译者注——19 世纪德国杰出的批判现实主义作家）传记中的一段话，我才茅塞顿开。这段话大意是，一位法国移民参加了波兰对俄国的战斗，战斗中，波兰军人只有 1 万名，俄国军人有 5 万名，然而俄军最后却溃败了，战败的士兵更是四处逃亡。冯塔纳注意到，他的父亲读到这段话时，脸上总会洋溢着高兴与幸福的表情，冯塔纳对此大惑不解，甚至还提出了异议。他认为，5万俄军必然要强过1万波军，"否则，我根本高兴不起来，因为强者就该始终都是强者"。看到这里，我突然意识到——冯塔纳是长子。只有长子，才会像他这样说话。

长子会清楚地记得，当他们还是家中唯一的孩子时，拥有的权力是多么巨大；当他们所拥有的"王位"会被比他们弱小的弟弟、妹妹威胁时，又会多么的愤愤不平！由此我们也注意到，他们的性格相对保守，对权力与社会奉行的规则和法律深信不疑。他们也很容易接受专制主义，并认为这么做没有问题。对权势与地位他们更是百般肯定，因为这些他们都曾经拥有过。

我们前面说过，凡事总有例外，长子也一样。比如，有这样一个孩子，他从出生起就没有被家人足够重视。妹妹的出生让他成了长子，而他的人生也因此变得更加悲剧。还没等这个手足无措、灰心丧气的孩子开口，我们就猜到了他的妹妹肯定天资聪慧。这种情况频频出现、绝非偶然，背后也能找到完全合理的解释。我们知道，目前的社会认为男人比女人更重要，所以家长往往会格外宠爱长子，并对他寄予厚望。如此一来，在第二个小孩出生之前，家中的环境都会对他十分有利。

然而，妹妹的出生改变了这一切，她闯进了原本由她哥哥独享的世界中。所以在哥哥的眼里，妹妹就是一个讨厌的入侵者，要保住过去的地位，就得和她对抗竞争。这种处境会给妹妹带来一定的激励作用，只要能承受住，她就会因此而奋发努力、积极上进。妹妹如果进步迅速，哥哥就会开始担忧，因为这已经对一个男人内心的优越感造成了威胁。再者，14～16岁的女孩本来就比同龄的男孩成长得更快，这是由人类生长发育的一般规律决定的。因此，她的哥哥会感到不安全、不踏实也是必然。于是，被不安全感笼罩着的哥哥很可能自暴自弃，安于现状。为了掩盖这种状态，他或者会竭尽所能地为自己寻找借口开脱，或者想方设法为自己的进步设置阻碍。

生活中，这种长子也不少见。由于不相信自己能在与弟弟妹妹的竞争中取胜，他们常常会表现得不知所措、信心不足、懒惰散漫、喜怒无常，而且对女性往往怀有一种莫名的憎恨。他们的处境难以被人理解，自然也没有人能给出合理的解释，所以他们大都活得不如意。有些长子甚至更糟糕，以至于他们的父母和家人抱怨连连："为什么会这样？要是他是女孩，而她是男孩该多好！"

如果一个家庭中只有一个男孩，且与他一同生活的姐妹众多，那么他也会具有类似上述长子的性格特点。这种女多男少的家庭难免会形成一种女性主导的氛围，于是，这个男孩要么被家中所有女性宠爱，要么被家中所有女性排斥。这两种情况虽说会给男孩的未来造成截然不同的影响，但他的性格中依旧会有共同之处。人们都明白男孩不应只由女性抚养长大的道理，但我们对这句话的理解也不能局限在字面上，因为每个男孩最初必定要由女性抚养。这句话真正要表达的意思是：女性众多的环境不利于男孩的成长。这个观点并不是在否定女性，而是否定基于这种环境所产生的误解与偏见。在男性众多的环境中成长起来的女孩也一样，她们很容易被男性歧视，从而促使她们模仿男性的行为。这对女孩今后的生活也是不利的。

一个再开明的人，也不大可能认同"像教育男孩那样教育女孩"这一观点。依照这种观点教育女孩，短期内或许看不到显著影响，但由此导致的不良影响终究会不可避免地逐渐出现。身体构造的差异决定了男人和女人必然要在生活中扮演不同的角色，在职业选择上也是如此。有些女性并不认可她们的性别，因而难以适应那些专为女性设置的职业以及相关的从业要求。在婚姻与家庭生活中，女性和男性扮演的角色也不一样。对自身性别不认可的女性，她们在面对婚姻与家庭生活时，往往会表现出明显的反抗情绪。在她们看来，婚姻会使其陷入被支配的局面，让她们的尊严受损。同样，像教育女孩那样教育男孩，也会让这些男孩难以适应现实的社会环境，日后的表现也将无法满足人们对他们的期待。

思考这些问题时大家要明白，孩子的生活风格在4～5岁时就已经形成了，因此他们的社会情感与适应社会的能力一定要在这段时间内培养好。5岁之后，孩子的世界观总体定型，未来基本会朝这个方向发展，他们感知外部世界的方式也难以再发生显著改变。已经固化的观念会一直束缚着他们，让他们不断重复着原有的心理机制和由此引起的行为。另外，孩子本身的认知水平与主观意识也会制约其社会情感的发展。

第八章

家庭环境与孩子的心理健康

我们知道，孩子的发展状况，与他们潜意识里认为自己在环境中所处的位置一致。此外，家庭中的长子、次子、幺子的发展过程各不相同，这种差异与他们在家中的处境相符。所以我们认为，孩子早期在家中面临的一些问题，其实是对他们性格发展的一种打磨与塑造。

针对孩子的教育不宜太早开始。随着孩子年龄的逐渐增大，他们会慢慢形成一套自己的规则或模式，并以此来应对他们将要面临的外部环境。

孩子如果还很小，我们就只能从中看出一些端倪，预判他们的行为在未来会如何发展。经过几年的练习，这些行为模式会在反复的强化中固化。

可以说，孩子的行为往往都不是对事物的客观反映，他们的理解能力很大程度上都会受到潜意识的影响。因此，一旦他们错误地理解了某个情景，这种错误的理解与判断就会直接影响到他们的行为。如果这种童年时期就出现的错误意识没有被及时矫正，长大之后，不管再学多少逻辑知识或常识，他们的行为也不会有根本性转变。

孩子在成长中，总会表现出一些主观和个性化的东西。教育者对孩子的个性应当有充分的认识，不能机械地、一成不变地教育所有的孩子。这也很好地说明了，为什么使用相同的方法教育孩子，最终却有的孩子学得好，有的孩子学不好。

假如我们发现，面对相同的情况时，不同的孩子会做出类似的反应，我们也不要认为他们是受了自然法则的影响。当孩子没有深入理解、认识事物时，他们确实可能对事物产生相同的反应，甚至犯一样的错误。

人们习惯性地认为，家中有新生命诞生，之前出生的孩子就会心生嫉妒。对此，也有人反驳道："一方面，总会有例外的情况；另一方面，如果孩子能正确看待弟弟、妹妹的出生，这种嫉妒心理就不会产生。"

会在这方面迷茫犯错的孩子，其实很像站在山脚岔道前的游客，有人会告诉他们："在这条道上感到迷茫的人，往往最后都走错了方向。"

事实上，每个孩子都有找到正确的道路并抵达目的地的可能。然而在这些岔道中，正道往往艰险，让人犹豫徘徊；有些歧途看上去反倒是坦途，部分孩子也正是受到了这种诱惑，最终做出了错误的选择。

会对孩子的性格造成深远影响的情形还有很多，比如这种情况就很普遍——家中有两个孩子，一个表现很好，另一个则很差。

只要对这种现象稍加研究就能发现，表现差的那个孩子往往过于渴求优越感，试图控制所有人，很想改变周遭的环境。表现好的孩子刚好相反，安静、谦逊的性格会帮助他成为家中的宠儿，甚至成为另一个孩子的榜样。

父母往往难以理解，同一个家庭培养出来的孩子，为什么会出现这种差异。我们通过调查得知，表现好的那个孩子注意到，只要表现好就能得到家人的认可，就能在与另一个孩子的竞争中取得胜利。

很显然，两个孩子出现这种竞争时，表现不好的孩子一定不会选择这种方式来应对，他只能想别的办法，比如通过调皮捣蛋来引起家人的注意。经验告诉我们，这种调皮捣蛋的孩子很可能最终反超了他的兄弟姐妹。同时，对优越感的追求过于强烈，也可能让一个孩子朝着某个极端的目标拼命努力。这种情况在学校中屡见不鲜。

因此，不要因为两个孩子成长的环境相同，就断定他们会朝着一样的方向发展。对任意两个孩子来说，他们都不可能在完全相同的条件下成长。性格良好的孩子，也可能因为受到不良的影响而发生本质性的变化。实际上，很多问题儿童最初的表现都非常好。

有一个17岁的女孩，她在10岁之前的表现都很优秀。她的哥哥比她大11岁，在她出生之前，他在家中当了11年的独子，且备受家人的宠爱。

她出生后,她的哥哥也没有产生嫉妒的心理,言行举止都和过去没什么两样。女孩10岁时,由于她的哥哥长期不在家,她看起来如同家中的独生女一般,这种处境让她渐渐变得有些我行我素。

　　由于家境较为富裕,她的需求起初都能轻易地被满足;然而随着年龄增大,无法被满足的需求也越来越多,失望与不满的情绪开始在她心中不断堆积。

　　如果这些需求被母亲拒绝了,她甚至可以将母亲过去对她的好抛到九霄云外,并且开始无理取闹。为了满足快速增长的欲望,她还寻找过其他的出路,比如利用家庭积攒下来的信誉到处借钱,而且很快就欠下了一笔巨额债务。最终,这个原本乖巧的女孩变得让每个人都讨厌。

　　根据上述案例与其他相关的案例,我们不难得出一个具有普遍性的结论,即孩子在追求优越感时,原本都会倾向于选择良好的行为,但一旦外部环境发生改变,他们还能否保持,这就不能打包票了。

　　附录一的心理问卷涉及孩子的日常活动,以及他们与所处环境和周围人物的关系,一个孩子的生活风格一定会通过某些方面得以展现。

　　通过对心理问卷获得的信息进行深入研究,我们还能发现,这个孩子所形成的情感特征、性格特征、生活风格,都有助于他获得优越感,他的自我价值会因此而提升,同时还能让他在周围群体中获得一定的声望。

在学校中，这种类型的孩子不在少数，但他们看上去与我们的描述相去甚远，比如，性格懒散、邋里邋遢、沉默寡言，对学习和批评不以为意，沉浸在自己的幻想世界中……我们从中看不出他们渴望获得优越感的丁点儿痕迹。

实际上，相关经验非常丰富的人一看就会发现，这些也是追求优越感的表现，尽管这些行为看上去荒唐无比，让人极度费解。因为这些孩子认定自己无法通过常规渠道脱颖而出，所以他们会倾向于放弃这些改善、提高自己的方法和机会，转而封闭自己，不轻易表露情绪，让别人觉得他们非常坚强。然而，这种坚强只是他们人格的一方面，背后实际隐藏的是高度敏感、脆弱无比的内心。为了不再受到伤害，他们必须在别人面前营造出坚强与冷漠的假象。

这样一来，他们就能安然地躲在盔甲中，确保不会与事物过分靠近，同时免去由此可能带来的接触与伤害。

如果我们能与这些孩子交流，就会发现他们其实非常自恋，终日沉醉在美好的白日梦和不切实际的幻想中。他们常常将自己假想成伟大的人物，或者憧憬自己取得了非凡的成就。通过虚无的幻想，他们成了能征服一切的英雄、手握生杀大权的君王，或者是能救人于水火的勇士。

我们还注意到，有些孩子不仅幻想自己是英雄，在实际生活中，他们也竭尽所能地这么做。那些幻想自己是救世主的孩子也一样。

我们绝对相信,当这些孩子发现别人身陷困境时,一定会舍身相救;而且只要他们足够自信,机会一旦出现,他们就会将相应的角色扮演到位。

脑海中的白日梦是会循环往复地上演的。奥地利君主时期就有许多孩子幻想过,总有一天,他们会把国王或王子从危难之中解救出来。当然,他们的父母完全没有察觉到自己的孩子居然满心都是这种想法。

然而,长期沉浸于白日梦的人难以适应现实,他们几乎不可能成为中流砥柱,完美幻想与残酷现实之间的鸿沟不是这么轻易就能逾越的。

因此有的孩子做法相对中庸,继续做白日梦的同时也在努力适应现实;有些孩子则固执己见,不为适应现实付出任何努力,继续沉浸在亲手构建的幻想中无法自拔,最终距离现实越来越远;还有的孩子则对幻想没有丝毫兴趣,他们的眼里只有现实,哪怕是阅读,也只看旅行、狩猎、历史方面的书籍。

毫无疑问,一个孩子既要有一定的想象力,同时还要有适应现实的意愿。不过,需要特别注意的是,孩子看问题的方式与成人显著不同,比如他们就会认为,把世界划分成两个对立的部分没什么不妥。

要想更好地理解孩子,我们就要牢记上述的事实,即他们很可能把世界划分为上和下、好和坏、有和无、聪明和愚蠢、优越和自卑等完全对立的两部分,而且这种倾向非常明显。部分成人也持有这种二分对立的认知方式,而且很难摆脱它的影响。比如,冷热就是人们印象中一组很常见的对立概念,但从科学的角度分析,造成冷热区别的原因其实就是温度的高低。

很多时候,二分对立的认知方式不仅出现在孩子身上,在哲学发展的初级阶段,这种思维方式也存在过。比如,古希腊哲学就一度受这种思维方式主导,直到今天,诸多业余的哲学家也在继续用这种方式进行价值判断。

有些人甚至还归纳出了生—死、上—下、男—女等性质完全对立的概念。

不难看出,现在很多孩子的认知方式与古代哲学的思考方式相似,因此我们也倾向于认为,一个习惯以二分对立的观点看待世界的人,他的思维方式或多或少地保留了儿童时期的特点。

以这种二分对立,或非此即彼的观点看待生活的人,前文那句拉丁谚语"要么都有,要么都无"就能很好地概括他们的思维。尽管谚语中描绘的那种理想在现实中不可能实现,但依旧有不少人在按照这种思维安排自己的生活。其实,这两种极端情况之间夹杂着非常多的中间状态,习惯使用这种思维方式的人大都非常自卑,求胜心也很强,这种方式也比较容易让他们获得补偿感。相关的例子在历史上有很多,恺撒就是在谋取王位时被朋友杀死的。

上述特征在孩子身上也很普遍,像偏激、固执等性格,都能在"要么都有,要么都无"的认知思维中找到根源。我们甚至可以由此总结:这类孩子往往已经形成了一种个人的哲学,或者说是有悖于常识的个人理智。

我们接触过一个年仅4岁却非常执拗的女孩,她的例子就能很好地说明这种情况。

一天,母亲送给她一个橙子,她拿到手之后就把橙子扔到了地上,并且告诉母亲:"你给什么我都不会要的。想要什么我自己会拿!"

由于懒惰、邋遢的孩子无法获得"全有",因此他们便转过头来追求"全无",沉浸在白日梦与不切实际的幻想中。不过,由此就断定他们无可救药还为时尚早,要知道,高度敏感的孩子无法适应现实,他们会想办法从现实中抽离,希望通过躲进亲自构建的幻境中求得保护,以免被伤害得更深。作家和艺术家需要与现实保持一定的距离,科学家也是如此。丰富的想象力对科学家而言非常重要,但如果想象太超出实际,则只能说明这个人在试图逃避生活中的不快或失败。

人类的领袖往往都有超凡的想象力,而且善于把它与现实相结合。能成为领袖,既因为他们在学校受到了良好的教育,观察力敏锐,也因为他们能以坚定的意识与强大的勇气面对并克服困难。

通过众多伟人的生平事迹我们可以发现,光是凭借内心的勇气就足以让他们拥有应对全世界的强大能力。因此,只要条件成熟，内心的勇气就会支持他们立足实际、奋发图强，取得最终的成功。

不是每个人都能成为伟人，也不存在一个固有的模式能把任意一个孩子培养成伟人。

我们需要记住的是，千万不要粗暴、鲁莽地对待孩子，要多鼓励他们，让他们领会生活真正的意义，使他们的想象能更贴近现实世界。

为适应新环境做准备

人的心理生活是一个不容分割的有机统一体。人格也是如此，它所表现出来的方方面面都密切相关且前后连贯。人格的发展会在时间的推移中逐步进行，不会出现突发性、跳跃式的发展。因此，每个人都不可能瞬间摆脱过去的影子，成为一个全然不同的自己。

现在与未来的行为都将以过去的性格为基础，它们之间也保持着一致性，但这并不能说明，单凭过去的性格与遗传的基因就能决定人一生的行为。当然也不意味着人的未来与过去会完全割裂。不过，我们也确实很难弄清楚，真正的自我到底是怎样的。除非内在的潜力与天赋都展露无遗，否则我们对自身能力的认知都算不上完整。

因为人格的发展具有连续性这种观点并非"机械决定论"（译者注——又称"形而上学决定论"，盛行于17~18世纪的西欧。它以古典力学为基础，简单地把拉普拉斯的动力学决定论从自然界照搬到了社会历史领域，只承认自然界的客观规律，否认人的主观能动性和偶然性，是一种形而上学的观点），所以人格才有被教育改善的可能，同时也能让我们检测到孩子在具体某个时刻的性格发展情况。

人处在一个完全陌生的环境中时，内心潜藏的性格特点就会表现出来，且一定会与过去的性格相符，此时最适合用来检测人格的发展水平。如果有合适的实验机会，不妨让被试者置身于陌生的环境中来观察。

孩子处于转变期时，比如刚刚入学，或者家庭发生变故时，我们更容易捕捉到他真正的性格特征。这种转变，如同底片放进显影液中就能显示清晰的图像一样，可以直观地展现出孩子性格中的局限性。

我们曾经长时间地观察过一个被收养的男孩。他性格暴躁、举止古怪、非常叛逆、不服管教，总体上看很难矫治。不管我们问什么，他要么拒绝回答，要么自言自语地说些与问题无关的话。虽然这个男孩与养父母生活了几个月，但内心并没有接受他们，并且还对他们充满了敌意。

了解了这些情况后，我们得出了一个结论——他非常不喜欢这个新家。

这个结论是我们观察男孩在陌生环境中的表现得出来的，然而这对养父母却对结论颇为费解，因为他们自认为对这个孩子非常好。事实上，之前的确没有人像养父母这样对他这么好，但是善待其实并不是问题的关键，因为单纯地对孩子好并不管用。在观察期间，养父母对我们抱怨道："我们软硬兼施，办法用尽，但就是看不到效果。"

不少孩子会对养父母的善待表态，但这并不意味着对养父母的态度会真正改观。孩子会认为父母的善待也许是暂时的，他的处境不会彻底改变，一旦失去这种善待，他就会立即变回最初的样子。

这时的关键在于理解这个孩子，弄清他真正的感受，至于他对养父母的想法其实并不重要。我们将孩子的想法告诉了这对养父母，说他他感觉在家中并不幸福。我们并不确定这个孩子声称自己不幸福是否合理，但他一定经历了什么事情，才会使他对养父母心生恨意。

我们提醒过这对养父母，如果孩子的错误他们已经无力矫正，并无法换得孩子的爱，那么他们只能把这个孩子转送给别人收养，因为在孩子的眼里，养父母的一切行为都像要囚禁他，这只会不断激化他的反抗心理。后来，这个男孩的脾气变得越来越暴躁，就像是一个危险人物。其实，只要他被友善对待，他的情况就会有所好转。当然，这样做是远远不够的，因为我们还不清楚导致这种情况出现的根源。

随着信息收集的逐步完善，我们渐渐发现了其中的原因。我们推测，因为这个男孩与养父母的孩子一起生活，所以他主观地认为，养父母会更加关照亲生的孩子。因此，这个男孩才不愿意在养父母的家中生活，而且只要能离开这个家，他可以不择手段。这或许就是他脾气日益暴躁的原因。从他为自己设定离开养父母家这个目标来看，我们认为他的所作所为其实非常理智，可以排除智力发育不健全的猜测。再后来，这对养父母也意识到了我们之前的提醒——要是改变不了这个孩子的行为，就只能将他转送给别人抚养。

如果因为这种错误而惩罚孩子，那么孩子也就为继续反抗找到了充足的理由。惩罚会强化孩子"反抗有理"的心态，我们这么说并非空口无凭，因为孩子犯下的一切错误都是与环境互动之后产生的结果，是面对陌生环境时始料未及的反应。孩子犯下的错误虽然幼稚，但也没必要大惊小怪，因为成人平时也可能出现同样的问题。

各种行为与不太明显的肢体语言背后究竟隐藏着什么深刻含义，目前还没多少人研究。老师要从事这方面的工作其实有天然的优势，他们可以对孩子的诸多表现进行归纳总结，弄清它们之间的联系，探寻它们的根源。同一种表现形式在不同情况下代表的意义很可能不相同，两个做出相同举动的孩子，其背后的意义也未必一致。另外，问题儿童的心理感受虽然相似，但表现出来的形式却五花八门。这是因为，同一个目的本就可以通过多种渠道来实现。

要判断这些行为的对错，仅仅依据我们掌握的常识是不够的。一个孩子会做出错误的举动，往往是因为他给自己设置的目标不正确。目标出错，难免会导致行为出错。人会犯各种各样的错误，但真理只有一个，这就是人性的奇特之处。

孩子的一些表现其实具有深远的意义，比如他们的睡姿，但却很难引起人们的重视。这里介绍一个有趣的案例。有个15岁的男孩,他曾出现了一种幻觉,并深深为之困扰。原来,弗朗西斯·约瑟夫皇帝(译者注——19世纪到20世纪初,中南欧洲地区的统治者,曾建立了著名的奥匈帝国)当时刚好过世,这个孩子自认为看到了皇帝的鬼魂,并收到了皇帝要他组织一支军队杀向俄罗斯的命令。晚上,我们悄悄地潜入了他的卧室,发现睡着的他看上去宛若拿破仑指挥千军万马时的样子。第二天我们再见面时,发现他多少还保持着一些夜里的军姿。由此我们认为,幻觉与清醒这两种状态不是独立存在的,它们之间应该有某种联系。

同他聊天时,我们试图使他相信皇帝还活着,但他怎么都不相信。后来我们又了解到,他在咖啡馆做服务生时,总有人嘲笑他身材矮小。我们还问他,有没有人跟他走路的姿势相仿,稍加思索之后他告诉我们:"有,我的老师麦尔先生。"由此便可以认定,我们的猜测是正确的,假如把麦尔先生当成另一个拿破仑,问题就很好解决了。另外,这个男孩还告诉我们,他梦想成为一名老师,这一点也至关重要。麦尔先生是他的偶像,因此他会不自觉地模仿麦尔先生的言行举止。总之,男孩的这个姿势就是他生活经历的一个缩影。

一个陌生的环境能反映出孩子是否做好了充分的准备。准备充分的孩子,立即就能信心满满地适应陌生的环境;准备不足的孩子,很快就会表现出无所适从的样子,并会因此而感到自卑。

这种自卑感给孩子带来的伤害非常大，不仅会影响他们判断的准确性，还会让他们置身陌生环境时，做出不真实、不恰当的反应。因此，孩子不适应学校的生活，不仅与学校不健全的教育体系有关，还与孩子自身的准备不充分有关。

我们会研究陌生环境，就在于它是影响孩子的重要因素，能充分展现出孩子在面对陌生环境时的缺陷。可以说，每个陌生的环境，都是检测孩子准备情况的良好契机。据此，我们可以再对附录一的问卷内容进行探讨。

第一，问题的根源是何时出现的？如果有母亲告诉我们，她的孩子在入学之前表现很好，我们从中所获得的信息，可能比她实际了解到的情况还要多。一个孩子无法适应学校肯定有原因，在孩子的母亲看来，也许最大的原因是他在过去的3年中不努力学习、表现不好。我们则不这么看，因为这种回答没有触及问题的根本。要真正弄清原因，就必须了解过去的3年中，孩子的身上或者他所处的环境究竟发生了什么变化。

丧失自信的孩子，首先会表现出对学校生活的不适应。孩子最初遭受的细微挫折往往难以引起人们的重视，然而在孩子的眼里，这些挫折或许就是致命打击。

我们应当弄清楚，成绩不好的孩子是否经常因此被责骂，拿到的低分和遭受的责骂会给他追求优越感的心理造成什么影响。这个孩子或许会因此认为自己没用，如果父母习惯用"你一辈子没出息"或"你会坐一辈子牢"等话贬低孩子，他就会更看不起自己，继而变得自暴自弃。

不可否认，有些孩子遭遇失败后能很快调整，但有些孩子却会一蹶不振。要改变后面那种灰心丧气的孩子，必须不断地鼓舞、激励他们，对他们温柔相待，给他们耐心和宽容。

第二，是否注意到了问题出现之前，孩子表现出来的种种迹象？或者说在环境改变之前，是否已经发现孩子难以适应陌生的环境？我们在这个问题上得到的答案是五花八门的。有的母亲抱怨"孩子邋里邋遢"，这就说明这位母亲经常替孩子收拾整理；有的家长抱怨"孩子特别胆小"，这就说明这个孩子对家庭的依恋程度特别深。

如果一个孩子会被他人用"孱弱"这样的词来形容，那么我们会认为，他可能有先天性的生理问题，要么因为身体过于虚弱而被家人宠坏了，要么因为太过普通而不被家人重视。还有一种可能，那就是孩子的发育过于缓慢，以至于被误认为有生长方面的问题。即便他在后来有所好转，也会觉得自己依旧在被家人过分保护和限制着，这种感觉会给他适应陌生的环境造成新的阻碍。如果他胆小而粗心，那么我们就会认为，他这么做完全是为了引起别人的关注。

如果这个孩子看上去还十分笨拙，老师就应当弄清楚，他是否能够清楚地认识到自己的性别角色。

在女性主导的环境中成长的男孩大都不愿与其他男孩交往，其他男孩往往也会将他们视为女孩来嘲笑、愚弄。由于早已习惯了女性的角色，之后遭遇的这些经历就会让这些男孩的内心产生激烈冲突。在男性主导的环境中成长的女孩也是一样，这两类孩子容易忽视男女性之间的差异，误认为性别可以改变。等到最后，他们发现身体的构造无法改变时，内心就会渐渐朝着向往的性别靠近，并以此作为补偿，从而让男孩表现出女孩的心理，女孩表现出男孩的心理。他们的衣着打扮与言行举止也能反映出这种心理倾向。

有些女孩极度厌恶女性职业，认为这些工作都没什么含金量。这其实也是现有社会文化中广泛存在的一种偏见。有些职业限定男性就业，将女性排除在外，直至今天，这种情况依旧存在。我们的社会显然更偏向于男性，就连刚出生的小孩，男孩往往也比女孩更受欢迎。

这种观念其实对男孩和女孩的发展都很不利，女孩很快会因此而自卑，男孩也会因为家人心怀过高的期望而背负巨大的心理压力。尽管像美国等国家已经不再限制女孩的发展，但这种客观现实依旧存在，而且即便是在美国，也无法让男性和女性在社会关系上真正实现平等。

我们关注的是孩子身上反映出来的人类精神。让一个对自身性别不满的女孩接受女性的角色，这其实非常困难，反抗也是常有的事，最常见的表现就是不服管、固执倔强、懒惰散漫。这些表现其实都与追求优越感的心理有关。

如果一个女孩有上述表现，老师应当意识到，这个女孩对自己的性别不满。这种不满会扩展到其他的方面,最后会让这些孩子认为生活是一种负担。我们就听到有孩子抱怨过,想生活在一个不分性别的星球上。这种观念显然是错误的,它可能导致各种荒谬行为的产生,可能让孩子变得冷漠,严重的还可能走上犯罪之路,甚至是自杀。

惩罚这种荒谬的行为往往会适得其反,很容易让孩子心中的这种欠缺感进一步加强。如果对他们的教育能够谨慎而自然,让他们意识到两性的差异,明白不管男女都有相同的价值,这种不幸或许就能在很大程度上被避免。

在不少家庭中,父亲都处于主导地位,财产归他所有,规矩由他制定,最终决定由他来做,而妻子和其他成员要做的就是遵守规矩、听从安排。这些家庭中的男孩很容易在同龄的女性成员面前展现男性的优越感,并对她们加以嘲讽、指责,让她们意识到男性和女性是不一样的。心理学家发现,男孩的这种行为其实来源于他们心中的一种脆弱感,因为现有的能力和理想的能力之间差异巨大。

有些观点认为女性做不出什么伟大的成就,这是极度错误的。时至今日,女性接受的教育都不是引导她们去建功立业。男性也习惯让她们从事缝缝补补的工作,并让她们认定,这才是她们的分内之事。虽然这种情况现在已经改变不少,但从对女孩的教育中,依旧看不出社会对她们寄予了多大的期望。

很多时候,我们也没有为女孩做出一番大事业提供支持,有时还会妨碍她们实现理想；如果最后没能取得成就，我们又会对她们大加批判。这是一种非常肤浅的做法，这么做的人也没有真正弄清楚背后的因果关系。

要想改变这种状况非常困难，因为不仅是父亲，就连母亲也会认为男性生来就有优越性，并且会将这种观念传达给孩子。她们会告诫孩子，男性的权威不可撼动，男孩可以要求女孩顺从，女孩应当顺从男孩的要求。

让孩子尽早了解自己的性别，明白性别无法改变的事实其实无可厚非，但前面也提到了，有些女孩特别讨厌男性的这种权威与优越感。这种感觉一旦过于强烈，女孩就会对自己的性别不满，继而会尽可能地模仿男性的言行举止。个体心理学将这种现象称为"对男性的抗议"。

还有一种情况会让孩子对自己的性别不满，那就是因发育畸形、发育迟缓导致的第二性征不明显。依照所学的生理学知识，女孩可能发现自己具有一部分男性的特征，男孩可能发现自己具有女性的特征。这种不满往往与虚弱的体质关系密切。发育问题给孩子造成的影响，在男孩身上的表现要比女孩更明显。男孩如果出现了这种状况，人们很容易称他为"假女孩"。但这其实是不对的，他可能只是更像一个小男孩而已。由于这类男性与人们心目中魁梧挺拔、功成名就、远超女性的形象相去甚远，他们大都会陷入一种深深的自卑感中。同样，一个发育不全或容貌欠佳的女孩也会面临生活的困扰，因为社会对女性的要求就是美丽可人。

性情、脾气、情感往往被视为人的第三性征。它们不是与生俱来的内在品性，都是在后天环境中培养的。男孩如果过于敏感，人们会认为他像女孩；女孩如果非常从容、自信，人们就会认为她像男孩。

这些孩子长大后回忆童年时，都承认自己从小就这样，而且会觉得那时的表现有些古怪而另类。男孩觉得自己像女孩，女孩觉得自己像男孩，即便长大成人之后，他们对性别的理解也会以此为基础。

问卷中有一部分问题涉及孩子对性发育、性经验等问题的了解程度。这意味着，孩子到了适当的年龄后应该对性有一定的了解。但并没有明确规定父母、老师要按照怎样的方式向孩子解释性方面的问题，因为没有人可以预判，孩子能否接受这种解释，也无法评估他们对此的理解会有多深，更无法确定这么做会给他们造成什么影响。如果孩子主动提出了性方面的问题，我们应当先考虑孩子的实际情况，再决定如何向他们解释。尽管过早地向孩子解释性问题未必会带来坏处，但我们依旧不提倡这么做。

问卷中还有一部分问题涉及收养与过继的孩子，这种问题也很棘手。在这些孩子看来，家人就应该善待他们，如果对他们过于严苛，就会认为这是他们特殊的家庭地位造成的。

失去母亲的孩子往往会过分依赖父亲，如果父亲之后再婚，孩子的心中就会产生被抛弃的感觉，继而难以与继母友好相处。

有些孩子对亲生父母充满了不满与抱怨,也会把亲生父母当继父继母一样对待。

不少童话中,继父继母都具有歹毒苛刻的形象,他们也因此而声名狼藉。我们想说的是,这些童话故事并非合适的儿童读物。当然,禁止孩子们读这样的故事也没有必要,通过恰当的评论引导他们即可,因为这些故事中还是包含了不少有关人性的知识。不过,像描写暴力场面和价值观扭曲的奇幻故事,是一定要禁止孩子们阅读的。

有人希望孩子不再软弱,变得坚强起来,于是就会让他们阅读一些以强凌弱的故事,好让他们受点刺激。这是一种从英雄崇拜的价值观中衍生出来的错误做法。一些男孩认为,有同情心就是男子气概不足的表现。同情心本身很有价值,但有人像滥用其他情感一样滥用、误用同情心,结果导致人们普遍认为男孩不应太有同情心。

所有的孩子中,私生子的处境最艰难。造成这种结果的男人往往逍遥自在,而私生子的名号多半得由女人和孩子承担,这确实有失公允。

毫无疑问,受伤最深的必然是孩子,通过掌握的常识,他们很快就能断定自己的遭遇很反常。不管采用什么方法,这些孩子内心的伤痛都很难根除。身边的人会对他们指指点点,国家法律让他们处在尴尬的境地,社会道德更是让他们生来就被烙上了私生子的印记,不管哪种语言中都不乏侮辱、鄙视他们的字眼。因此，这些孩子大都非常敏感，很容易与他人冲突，对周围的一切都充满了敌意。

这也很好地解释了为什么孤儿和私生子特别容易成为问题儿童乃至少年犯。并不是因为他们的本性坏，之所以造成这种结果，主要应归咎于环境的影响。

第十章

孩子的在校表现

前面说过，孩子初入校门时，就接触到了学校这个完全陌生的环境。和其他的陌生环境一样，学校也能成为检测孩子准备是否充分的场所。准备充分的孩子，很快就能通过入学的适应性考验；反之，他们在这方面的缺陷就会立即暴露出来。

我们拥有的记录中，很少有孩子刚进入幼儿园和小学时的心理状况；如果有，我们就能很好地解释孩子成年之后的诸多行为。相比于在校的学习成绩，这种"适应陌生环境的测试"的结果能更真实地反映出孩子的状况。

学校会对一个初入校门的孩子提出怎样的要求呢？他需要懂得配合老师与同学，建立对各个学科的兴趣。根据孩子在学校中的表现，我们可以看出他的合作能力、兴趣爱好、心仪学科，以及他是否善于倾听、观察周围的人和事等。要准确判定这些情况，就要深入研究孩子的态度、言行举止、神情、倾听的方式，同时还要弄清他对老师的态度，究竟是愿意友好地接近，还是唯恐避之不及。

为了说明这些细节究竟会怎样影响人的心理发展，我们还是通过一个案例来分析。有位男性无法忍受职场问题的困扰，于是咨询了一位心理学家。根据他对童年的回忆,心理学家了解到,他是家中唯一的男孩,上面有好几个姐姐。他出生没多久,父母便双双不幸去世。到了该上学的年龄,他还曾为该到女校还是男校读书而困惑。后来他听从姐姐们的建议去了女校,然而学校很快就把他劝退了。可想而知,他会因此受到多大的伤害。

孩子是否喜欢他的老师,其实跟他是否注重学习有很大关系。让学生爱上学习,把注意力集中在学业上,这些是老师教学工作中的一项重要任务;同时,老师还要观察学生的注意力是否集中、持久。由此可见,教学是一门艺术。在溺爱的家庭中长大的孩子,往往会因为学校有诸多陌生的面孔而感到不适,所以他们很难专心学习。如果管教这些孩子的刚好又是一位严师,他们就会表现出记忆力不好的样子。不过,这种表现与我们平时所说的记忆力不好还不一样。在家中被人宠着时,他们也可以全神贯注,甚至能对与学习无关的事情过目不忘。他们把一切精力都投入对溺爱的渴望上,自然就不会去关注学业了。

批评、指责对这些适应不了学校生活、成绩糟糕的孩子没有任何作用,反而会促使他们认定自己不适合上学,并对学习产生消极悲观的态度。他们一旦被老师宠爱,往往又很容易变成好学生,这是因为他们从学习中获得了好处,自然就会加倍努力地学习。但是非常遗憾,在现实情况中,老师不可能一直宠爱他们。如果中途转学、更换老师,或者在某一门功课的学习上遇到了瓶颈,他们的学习就很有可能原地踏步,其中又以学好数学最为困难。

为什么仅仅只是换了老师，或者遇到了一点儿困难，他们就无法进步呢？原来，在这些孩子的成长中，总有人能将他们要面对的事情变得简单，却没有人告诉他们应当自立自强，他们也不知道如何才能自立自强。久而久之，他们也就习以为常，成为不想努力且不能克服困难的人了，自然也就没了力求进步的意识。

怎样判断一个孩子是否为入学做足了准备呢？这个问题值得重点讨论。我们总能从准备不充分的孩子身上找到母亲带来的影响。众所周知，母亲是唤醒孩子兴趣的第一人，并且在引导孩子形成健康兴趣这方面有至关重要的作用。假如母亲在这方面没有做到位，孩子在学校就会出问题。除了母亲，像父亲、孩子之间的竞争等其他方面的家庭因素也会影响孩子，这些内容我们会在其他章节进行讨论；至于糟糕的社会环境、世俗偏见等其他外在因素的影响，我们随后也会交代。

笼统地讲，给孩子的入学准备带来负面影响的因素非常多，所以只看成绩，片面评定孩子的做法非常愚蠢。学习报告只能反映孩子某个时段的学习状况，而分数只是报告反映的表象，孩子的智力、兴趣与注意力等情况也包含在其中。包括智力测试在内的各种考试，虽然考察的形式、结构都不同，但却没有本质性的差异。揭示孩子的心理才是考试的重点所在，至于记录下的那些数据其实没有太多实际意义，也不重要。

最近，所谓的智力测试发展迅猛，很多老师对此也颇为重视。这种测试的确具有一定的参考价值，甚至帮助一部分孩子改变了命运，因为它们确实能展现出不少普通考试无法反映的内容。比如，有个老师打算让一个成绩很差的孩子留级，但通过智力测试却发现，他的智商远高于常人。最后他不仅没有留级，反而向上跳了一级，这让他开心不已。我们甚至认为，他今后的表现或许会因此发生显著改变。

说这些并不是想贬低智力测试与智商的作用，我们想表达的是：如果一定要做这种测试，像智商高或低这样的结果，既不应当让被测试的孩子知道，也最好不要让孩子的父母知道，因为他们都不能正确地理解这种智力测试的意义所在。父母很容易根据测试的结果给孩子定性，并认定它揭示了孩子的最终命运，孩子的未来也很可能被它牢牢地制约。不少人也反对这种将测试结果绝对化的做法，因为在智力测试中得高分，与在未来取得成功之间没有必然联系，不少确实取得了成功的孩子，他们在智力测试中的得分其实并不高。

个体心理学家总结过，想让在智力测试中得分偏低的孩子获得高分其实有方法可循，让孩子不断研究相同类型的测试题，慢慢归纳总结出应试的窍门，做足相应的准备就行。这种做法可以让孩子迅速积累相关的经验，以便在今后的测试中取得高分。

另外，学校的日常教学到底能给孩子带来怎样的影响，沉重的课业负担到底会不会让他们崩溃，这些问题也很值得思考。我们这么说，既不是在质疑学校开设的课程，也不是要学校删减学科的数量。我们关注的重心在于，所有学科应当与生活连贯统一。只有这样，孩子才不会把它们视为抽象、空洞的理论，才能真正理解学好它们的意义与价值。目前，教育界存在一种争议，即学校到底应该以传授知识为主，还是以培养孩子的人格品行为主。从个体心理学的角度来看，兼顾两者是完全可行的。

各学科的教学都应生动有趣，且要与实际生活紧密相连。像包括算术与几何在内的数学教学，就应当与建筑风格、建筑结构、可以居住的人数等知识挂钩。有时也可以将不同的几门学科结合起来教学。一些重点学校中有不少这样的教育专家，他们在跨学科教学方面的经验相对丰富。这些专家会与孩子们一同散步，在相处的过程中发现他们心仪的学科。他们常常进行跨学科教学的尝试，比如，把某种植物的特性、该植物的进化史、原生地的气候等内容结合起来串讲。通过这种形式，不仅能让原本厌恶某个学科的孩子重新燃起学习的兴趣，还能教会这些孩子用融会贯通的方法思考并处理问题。这也是教育最终想要达到的目标。

此外，还有一点需要老师特别注意，在校读书的每一个孩子，都认为自己会面对非常激烈的个人竞争。竞争的重要性很好理解。一个理想的班级，必定是个不容分割的整体，每个孩子都是组成这个整体不可或缺的一部分，人人竞争能让整个组织富有活力，但老师应当让竞争的强度与孩子的求胜心保持在一定范围内。有的孩子无法接受别人遥遥领先于他，而且在这种现实面前,他到底会拼命追赶,还是表现得心灰意冷,完全取决于他心中的主观感受。这时,老师一句恰当的话,也许能让一个沉迷于竞争的孩子,走上与他人紧密合作的道路,而这也是让老师给孩子多提客观建议、多加指导的意义所在。

一份合适的班级自治计划,能让同一个班的孩子形成合作精神。制订这方面的计划,不需要等所有孩子都做好了自治的准备才开始。我们可以先引导孩子观察班级的情况,为他们能提出倡议创造条件。如果还没做好准备就让孩子自治,我们就会发现,为了让自己获利,同时获得优越感,那些拥有自治权的孩子在惩罚其他学生时往往比老师还要严,他们甚至还可能使用政治手段来解决问题。

要想客观评价孩子在校期间取得的进步,既要考虑老师的意见,也要重视孩子们的评价。有一点很有趣,在评价别人时,孩子们的判断力往往都不错,可以非常友好地互相打分,比如他们知道谁的字写得又好又准确、谁擅长画画、谁喜欢运动。当然,孩子们的这种评价未必客观公正,不过他们会慢慢意识到这一点,评价的结果也会越来越客观。然而,在进行自我评价时,他们的判断就没那么准确了,最典型的表现就是妄自菲薄,认为别人都比自己强。像这种错误,老师应当向孩子明确地指出,否则这种观念将会长久地影响孩子,甚至伴随他们一生。一个带有这种想法的孩子是不可能进步的。

孩子在校学习时,大多数人的成绩都不会波动太大,要么很好，要么很差，要么位居中游。这种稳定的状态，与其说是由智力水平决定的，不如说是由内心的学习惰性造成的。成绩差的孩子出现这种情况，说明孩子因饱受挫折，已经陷入得过且过的消极状态中，对自己不再抱有希望。不过，也有一部分孩子的学习成绩波动较大，这个事实也应当引起重视，它表明孩子的智力水平并非一成不变。仅让孩子知道这一点还不够，老师也应当教会孩子怎样在实际中运用这个道理。

很多人都认为，智力正常的孩子成绩好与遗传有关。认为能力可以遗传，这其实是儿童教育中一个大错特错的观点，不管是老师还是孩子，都不应该相信这种说法。最先就此表态的是个体心理学，但人们认为这种否定没有科学依据支撑，不过是一些专家的臆断罢了。好在如今，有越来越多的心理学家、病理学家认同我们的观点了。能力可以遗传，这种说法很容易被父母、老师、孩子用来当借口。在人们遇到困难，且没能成功解决困难时，遗传论往往可以充当逃避责任的最佳借口。每个人都不应当推卸责任，那些试图教唆人们推卸责任的观点，都是我们怀疑、否定的对象。

坚信教育理念，认为教育可以塑造孩子性格的老师，是绝对不会认同遗传论的。我们讨论的问题与身体上的遗传不同，我们也不否认，器官的缺陷乃至机能的差异都可能是遗传造成的。但我们也注意到，有种物质充当着联系器官功能与心理承受能力之间的桥梁，它究竟是什么呢？从个体心理学的视角来看，它就是精神。人的精神状况与器官机能的状况之间是相互影响的关系，积极的精神状态能让器官更好地发挥机能，而器官出现问题也会给精神造成消极影响。这种影响有时还比较深远，有些人的器官机能即便恢复了，之前在精神上造成的阴霾也很长时间挥之不去。

有些人特别喜欢刨根问底，希望找出问题最根本的原因。评价一个人时，我们也可以对他的能力来源刨根问底，但若最后认为这和他的家族遗传有关，就很容易让我们的评价出现失误。能力遗传论的最大漏洞在于忽视了每个人的先祖都有很多个。比如，每个人都有父母两位长辈，按照这种逻辑上溯5代人，一个人就有64位先祖。其中总有那么一位具有较高的才智，于是人们就认为，这位先人的基因影响了后人。如果上溯10代，先祖的数量就会达到4096位，从中找出一位出类拔萃的人也就更容易了。不过我们需要明白，杰出的先人往往会给家族留下良好的家风，给后代带来的影响其实和遗传非常类似。所以，那些人才辈出的家族比一般的家族优秀的原因并不是遗传，而是他们世世代代都在接受良好家风的熏陶。稍加回顾欧洲的过往就能弄明白其中的道理，因为在那个时候，家族中的孩子都会被要求子承父业。如果忽视了这一社会制度给家族后代的教育与发展所带来的影响，自然就会对遗传学的相关数据印象深刻，并误认为它们能说明很多问题。

除了能力遗传论等观念性的错误，阻碍孩子学习进步的另一个因素其实是家长。成绩不好的孩子，往往会受到家长的处罚与责骂。其实，他们已经因为成绩不理想而失去了老师的喜爱，并为此非常烦恼，没想到回到家中，家人还要对他们冷眼相待，甚至大加惩罚。

糟糕的成绩单会给孩子带来什么后果，这一点老师应当弄清楚。有些老师想当然地认为，要求孩子把成绩单交给父母看，他们就会被迫努力学习。这种想法的出发点是好的，却忽略了某些家庭的特殊情况。有些父母管教孩子非常严格，甚至能用苛刻来形容。考试失利的孩子大都不敢把糟糕的成绩单交给这样的父母看，一部分胆小的孩子可能连回家的胆量都没有，甚至还出现过个别孩子因为害怕父母责罚而轻生的悲剧。

老师虽然不用为学校规章制度中的不当之处负责，但他们完全可以通过同情与换位理解，最大限度地抵消学校不人性化的制度给孩子造成的负面影响。面对那些特殊家庭中的孩子，老师应当多给予一点宽容、理解，少一些严苛的要求，不要把他们逼到走投无路的地步。成绩不好的孩子，本来就容易失落、压抑，再加上人们习惯称呼他们为"差生"，所以时间一长，他们也会这么看待自己。站在他们的角度，其实很好理解为什么会有那么多的孩子厌学，这都是人之常情。如果一个孩子总因为成绩不好被批评，他就会渐渐失去努力奋进的信心，然后开始厌学，甚至逃学。

虽然我们对孩子出现的这些问题早已见怪不怪，但这里还是很有必要讲清其中的原委。初入学的孩子会有这样的表现还只是糟糕的开始，当他们进入青春期之后，这些情况会变得更加严重。为了免受家长的责罚，他们也许会伪造成绩单、逃学旷课等。当一群有类似经历的孩子聚集在一起时，他们就很容易拉帮结派，并逐步走上违法犯罪之路。

个体心理学认为，再糟糕的孩子也有被挽救的可能。如果人们相信这一点，很多后果就都不会出现。总有方法能帮到这些孩子，关键在于我们是否愿意想方设法去寻找。

留级给孩子带来的坏处不言而喻。老师也认为，留级的孩子或多或少都会给学校和家庭带来麻烦，不惹麻烦的留级生几乎没有。不少留级生的学习成绩远远落后于他们的同学，甚至可能不止一次留级。造成这种现象的原因在于，他们身上的问题从来没有被真正妥善地解决过。

什么样的孩子需要留级，这个问题很难回答。有些学校专门安排了一些老师在假期里对孩子进行辅导，主要是为了矫正他们生活中存在的不良习惯，减少留级现象的发生。这种方法就具有积极的示范作用，它从根源上解决了孩子留级的问题。然而很遗憾，社会上给孩子上门做家教的人很多，但能做上面这种辅导的老师却很少。

德国没有这种家教老师，他们认为这种形式的教育服务也没有必要存在。只要细致认真地观察孩子，学校的老师就能非常深入地了解孩子的情况，而且老师对班级中所有孩子的了解远比其他人透彻。有人认为,一个班的人数很多,老师难以掌握每个孩子的情况,其实不然。老师在新学期伊始会与每个孩子单独接触,这至少能让他对每个孩子留下一定的印象,以便于后期深入了解。不管班级规模有多大,这都有可能做到。对孩子的了解越深入,他们受到的教育自然也越有保障。当然,班级规模太大确实不好,这种情况应该尽量避免,而且要解决这一问题并不困难。

有些学校,每学年或每学期都会更换一次老师,从心理学的角度来看,这种做法并不值得提倡。老师带着一个班的孩子同步升入新的年级比较合适,能连续带两三年自然更好。这样做的最大好处在于,老师能有更多的机会观察并深入了解每个孩子,能更及时、更准确地指出潜在的问题,并督促他们改正。

有留级的孩子,自然也有跳级的孩子。跳级到底好不好,这个问题还有待商榷。在一个班级中,有些孩子成绩优异且年龄偏大,他们往往会被纳入允许跳级的名单之中。其实,即便是留过级的孩子,只要足够努力,进步显著,他们也是可以跳级的。但是,跳级往往会拔高孩子对自己的期望值,难以让他们获得满足感,所以我们不鼓励用跳级来奖励优秀的孩子,即便他们的成绩真的非常优秀,或者他们真的比同龄人更成熟老练。成绩优异的孩子完全可以用富余的时间学习绘画、音乐等课余知识,这样得到的好处会远大于跳级。这样做也能给整个班级的进步产生积极影响,因为这些优秀的孩子在用实际行动做全面发展的表率,给同班的其他孩子带来正向激励。

有人会就此提出质疑，认为这么做限制了优秀孩子的发展空间。我们并不认同这种观点，因为孩子和班级之间的影响是相互的。有优秀孩子的带头作用，整个班级才能不断前进、变得更好；也正因为班级的整体氛围很好，这些孩子才能不断精进，探索更大的进步空间。

通过深入比较快慢班的发展情况，我们从中也能发现一些比较特殊的现象。不少读快班的孩子，他们的智力发展存在比较严重的问题；而很多读慢班的孩子，他们的智力发展却并没有常人想象的那样差劲。但不少孩子读慢班，完全受限于贫困的家庭条件，读慢班的孩子又很容易被歧视，因此人们往往会将家境贫困的孩子与成绩不好的孩子画等号。

来自贫困家庭的孩子，他们的父母大都终日忙碌，疏于对孩子的关爱；有些父母则是因为文化程度较低，无法担负起教育孩子的工作。因此，这些孩子的入学心理准备往往都做得不充分。考虑到编入慢班的孩子确实容易被其他孩子嘲笑，孩子本人也会觉得不光彩，所以单纯将入学准备做得不充分的孩子编入慢班的做法，本身也欠妥当。

长期待在慢班中的孩子容易灰心丧气，前文提到特殊辅导老师能很好地改变慢班孩子的学习状态，他们的作用我们前面也已经介绍过。此外，成立专门的儿童俱乐部，让读慢班的孩子有一个做作业、玩游戏、阅读的场所也非常不错。这样一来，既能让孩子们得到更多的辅导，又能激发他们在学习上的勇气，使他们变得自信。如果这种俱乐部还配有一定的娱乐场地，这些孩子就能彻底远离街头，减少慢班环境带来的系列影响。

男女是否应当同校学习，这个问题在教育实践领域一直争论不休。有人认为，从原则上讲，男女同校学习应当被提倡，因为它能有效增进男孩和女孩之间的了解。不过，学校和老师都应当慎重对待男女同校所产生的问题，如果任由这些问题发展，就只会让这种形式弊大于利。例如，女孩在16岁之前的发育会显著地超过男孩，然而这个事实却很少能引起人们注意。如果男孩不了解这一点，并且又意识到女孩的成长速度超过了他们，就很容易因为心理失衡而与女孩展开没有意义的竞争。如果老师认可男女同校，且了解由此可能引发的问题，这种模式就能取得应有的成功；但如果老师反对男女同校，认为由此可能会引发不必要的麻烦，那么这种模式就不会取得什么效果。

如果实行男女同校的制度，却又疏于对孩子们进行教育、引导和管理，出现两性方面的问题就在所难免。我们提出有关性教育的问题是因为它非常复杂，后面还会专门就学校的性教育问题进行深入探讨。其实，在学校这个场所开展性教育并不合适，因为在面对所有孩子时，老师也不确定这方面的知识会让谁产生怎样的反应。当然，孩子私下向老师咨询性问题则另当别论。需要强调的是，如果前来咨询的是女孩，老师一定要正面解答她的疑惑，而不要回避、搪塞。

上面讲的这些，其实已经属于教育管理方面的问题了，和本章的主题有些偏离。现在，我们重新回到本章的主题，继续探讨孩子的在校表现。如果我们掌握了一个孩子的兴趣所在，并且知道他擅长的科目，我们就能找到最适合他的教育方法。

　　一次成功能带来更多的成功，教育是这样，人生其他的事情也是如此。也就是说，当孩子对某一门功课兴趣浓厚，并且成绩优异时，他就会倍受鼓舞，并在其他功课的学习上取得进步。这也是老师的职责所在，即让一个孩子在取得成功之后，获得不断进步的动力，掌握新的知识，实现新的成功。不过，如何借助自己的力量取得进步呢？很多孩子都不知道具体应该怎样做。其实不只是孩子，每个人在从无知到了解的过程中都会遇到这样的困惑，因此我们才需要别人的帮助。对于孩子而言，老师就是最好的帮手。能这么做的老师也一定会发现，孩子会逐渐意识到这方面的问题，并且积极配合老师的教学工作。

　　我们刚刚说过，找出孩子感兴趣的科目，就能找到最适合他们的教育方法。了解孩子的感觉器官也有相同的作用，因此弄清孩子习惯使用的感觉器官，确认他们偏好的感觉类型也非常重要。不同的孩子，接受过的训练可能不一样，有些接受过视觉方面的训练，有些则是听觉方面，还有的可能是运动方面。近年来兴起的一种劳动学校非常流行，并且在教学上大获成功，这些学校坚持的，就是让学生的感官特点与学科教学有机结合。比如，某个孩子学习时习惯用眼观察，从感官分类上看，这个孩子就属于视觉类型,要提升他的学习效果,最好的方法就是多看,而像地理这类需要多观察才能学好的学科,他就比别人更有优势。由此我们可以得知,在教学中充分利用孩子的感官特性,确实是提升学习成绩的有效手段。

在仔细观察孩子的过程中,老师其实可以得出很多与此类似的认知,上面讲述的只不过是其中的一种。总之,老师是人类灵魂的工程师,肩负着伟大而神圣的使命,同时掌握着人类发展的未来。

要想将理想变为现实,空有美好的教育理念远远不够,还应当有行之有效的操作方法。我生活在维也纳时,就已经开始寻找将理想的教育变为现实的方法了。最终,我得出的结论就是——在学校开设专门的教育咨询诊所。

建立这种诊所,为的是让现代心理学的知识能为教育系统服务。每逢特定的日子,诊所还会举办咨询活动,每次活动都会邀请一位精通心理学,同时又对老师、学生及学生父母生活情况非常了解的优秀心理学家到场。参加咨询活动的老师们往往会聚集在一块,共同讨论各自遇到的一些问题儿童,他们或者懒惰,或者违纪,或者有偷盗方面的问题。一般都是老师先详细描述案例,心理学家再根据掌握的经验知识,与诸位老师进行深入探讨:这些问题为什么会产生?到底何时出现的?应该怎样处理?解答这些问题需要了解孩子完整的心理发展过程和他的家庭生活状况。在对所有的信息进行综合分析之后,心理学家会有针对性地为每个存在问题的孩子制订一套详细的矫正方案。

这次咨询活动结束之后，存在问题的孩子及其母亲会被邀请到诊所。在确定要让孩子的母亲参与并配合矫正方案之前，心理学家要先与这位母亲谈一谈，将孩子会遭遇挫折的原因向她解释清楚。接下来，再由这位母亲进一步交代孩子的情况，以便心理学家与她一同探讨。通常来讲，当孩子的母亲发现他人对自己孩子的情况非常关注时，她会积极主动地配合。即便这位母亲不愿配合，甚至充满敌意，老师或心理学家也不会放弃，他们会向这位母亲继续介绍更多的案例来打消她的顾虑，直至她没有抵触情绪。

等最终的方案敲定之后，我们便会安排孩子本人到咨询室来，与老师、心理学家进行面对面交流。整个聊天过程中，心理学家都不会提及孩子犯下的错误，而是以一种孩子能够理解的方式，客观地分析问题产生的原因，推测可能导致内心产生挫败感的想法。整个过程中，孩子都不会有任何压力，跟上一节课差不多。通过这种方法，很多孩子最终都明白了他们会屡屡失败而别人却总受欢迎的原因，甚至还能分析出是什么原因让他们对追求成功灰心丧气等。

像这样的咨询模式，我们坚持开展了差不多15年的时间，不少老师从事这方面的工作长达4年、6年甚至8年之久。长期的工作让他们积累了丰富的经验，而且他们对工作本身也非常满意，自然舍不得离开。

当然，这种咨询活动的最大受益者，还是被种种问题困扰着的孩子们。因为那些存在已久的问题都消失了，不少孩子都摘掉了"问题儿童"的帽子，心理状态也恢复到了健康的水平，开始变得勇敢而自信，也学会了与他人进行合作。有些孩子不一定到咨询诊所接受过辅导，但他们依旧能从这种模式中获益。只要一个班级中有孩子出了问题，老师就会让班上的其他孩子就这种问题展开讨论。以懒惰为例，他们可能会先分析懒惰产生的原因，然后层层深入、剖析弊端，直至得出懒惰应当被纠正的结论。为了鼓励孩子参与讨论，确保人人都有表达观点的机会，老师会全程进行指导。由于没有指名道姓，身上有懒惰毛病的孩子根本不会知道大家其实正在讨论他的问题，但他却能从这场讨论中受益。

综上所述，我们不难看出，心理学与教育之间确实有紧密结合的可能，这两者不过是同一个现实与问题所表现出来的两个方面。只有弄懂了心理运作的机制，才可能对心理活动进行有效指导；也只有真正做到这一点的人，才可能灵活运用所学的知识引导精神，实现更伟大、更高远的目标。

第十一章

影响孩子成长的外在环境

在看待心理与教育方面的问题时,个体心理学的视角非常广泛,并将外在环境造成的影响也纳入了考虑范围。德国心理学家冯特认为传统的内省法不够科学,为了弥补其中的缺漏,有必要创建"社会心理学"这种新的科学。(译者注——内省法自古有之,人们常用的自我反省、思辨、经验概括等认识自己的方法都属于"内省法",也叫"自我观察法"。但是冯特认为,这种传统的方法具有较大的主观性,难以很好地诠释人的心理变化与外在环境影响之间的关系,在研究人类更高级的心理活动时会出现极大的误差。为此,冯特创立了"社会心理学",决定使用更科学的方法来研究人的意志、观念等更高级的心理过程,并将个人的感情、感觉、意志等直接经验划归于"个体心理学"的研究范畴。如今,"社会心理学"一般被译为"民族心理学")不过,个体心理学并不这么认为。个体心理学对个人的心理与外在的环境都非常重视,既不会偏重于研究个人心理,忽视外在环境等因素,也不会过度深究外在因素,忽视个人心理的独特性。

老师和其他担负教育责任的人都不要想当然地认为,自己是影响孩子教育的唯一因素,因为诸多外在因素也会作用于孩子的心理，继而给他们造成或直接或间接的影响。其中的间接影响是指外在因素影响了孩子的父母，使他们的心理状态发生改变，最后影响到了孩子。外在因素造成的影响不可避免，个体心理学自然也不会忽视这一重要方面。

首先，每个老师都要重视经济因素给孩子造成的影响。比如，我们应该明白，世世代代都拮据的家庭，他们的日子每天都过得很艰难，家中多弥漫着悲伤、痛苦的氛围。从这种家庭中成长起来的孩子，由于饱受经济问题的困扰，内心大都非常压抑，自然难以形成愿意与人合作的健康心态。

温饱得不到保障的环境不利于人的发展。长期生活在这样的环境中，不仅会给家长、孩子带来生理方面的问题，更会侵蚀他们原本健康的心理。"一战"结束后，在欧洲出生的孩子就很明显受到了这种影响，要知道，这些孩子出生与成长的环境要比他们的长辈恶劣得多。

除了恶劣的经济、环境等因素会制约孩子的成长，因父母缺乏生理卫生方面的知识而给孩子造成的影响同样不容小觑，而这方面知识的缺乏，往往又与父母自身的过分羞怯、对孩子的溺爱紧密相关。虽然他们只是单纯地溺爱，不希望孩子吃苦，但也正因为溺爱，即便孩子出现了明显的问题，他们也不希望孩子承受因矫治而带来的痛苦。比如，有些孩子存在脊柱变形的症状，但他们的家长会认为，这种疾病会随年龄的增长而慢慢康复，因此耽误了孩子最佳的治疗时机。不少父母虽然生活在医疗设施和服务均非常完善的城市中，但也会犯这种天大的错误。健康方面的问题不及时处理，严重的甚至可能留下后遗症，继而给孩子的心理状况造成不良影响。

个体心理学认为，每种疾病都可能成为影响心理健康的"危险暗礁"，我们应当极力避免"触礁"情况的发生；如果最终不可避免地"触礁"了，我们还可以借助一定的补救措施，将"触礁"带来的负面影响降到最低，比如培养孩子的勇气、社会情感等。如果一个孩子的社会情感非常充沛，即便患上了生理疾病，也不会给他的心理健康造成多大影响。假设有两个孩子，其中一个认为自己完全融入了身边的环境，另一个则完全沉浸在家庭的溺爱氛围之中，如果他们不幸都患上了同样严重的疾病，那么这种疾病给前一个孩子造成的心理影响则远没有后一个孩子的严重。

通过观察病例我们发现，即便是患有咳嗽、脑炎等疾病的孩子，他们也会出现心理问题，而且人们会将其归咎于疾病本身。其实，这些疾病不过是让孩子内在的性格缺陷暴露出来了而已。很多时候，一些社会情感欠缺的孩子在患病时可能会认为，病痛赋予了他们足以控制家人的理由与力量，而且他们也清楚，这些疾病就是让父母焦虑不安的原因。可是，当疾病痊愈之后，父母就不再受他们控制了，要重新控制父母，就只能想方设法向父母提出各种各样的要求。久而久之，借病撒娇也就成了他们的惯用伎俩。不过，疾病有时也能成为改善孩子性格的宝贵机会，这是一件很耐人寻味的事情。下面这个案例的主人公是一位老师的次子，他就是阐释这个问题的典型之一。

这位老师一度为第二个儿子操碎了心，因为他不仅成绩在班级几近垫底，有时还会离家出走。忍无可忍的老师打算把这个孩子送去专门的问题儿童管教机构，却发现孩子已经患上了忧郁型肺结核病，而要治愈这种疾病，父母必须长时间地对孩子悉心照料。然而，这位老师没想到的是，疾病痊愈之后，孩子一改以往的表现，成了家中最乖的孩子。

原来，这个孩子最渴望父母能对他多加关注，结果在生病期间，他如愿以偿了。过去会表现得很叛逆，完全是因为他有一个特别优秀的哥哥。由于父母只会表扬哥哥，使他的内心就此蒙上了阴影，这让他试图通过一切叛逆的行为来吸引父母的注意力。然而，他通过这场疾病发现，父母原来也会像喜欢哥哥一样喜欢他，于是他决定要用良好的表现来引起父母的关注。

这里还要说明一点，孩子心中因疾病留下的痕迹很难消除，这些影响还会在他们未来的生活中体现出来，至于重大疾病、死亡这些事情就更容易让孩子记忆犹新了。不过我们也注意到，有些孩子最终成了医生、护士，就是受到了疾病、生死的影响，转而对它们开始感兴趣，并将这种兴趣运用得当；但更多的人还是会对遭遇过的疾病、生死感到害怕，无法走出它们带来的阴霾，严重的还会影响到正常的生活与工作。我们随机对100多名女孩进行了调查，其中接近50%的被访者表示，疾病和死亡带来的联想是她们一生中感到最恐怖的事情。所以，父母应当从小就要保障孩子的身体健康，同时帮他们做足相关的心理准备，万一可怕的疾病、死亡真的来临，也能抵消由此带来的一部分影响。父母应当让孩子形成这样一种价值观：每个人的生命都是有限的，但都可以活出自己的价值。

除了疾病带来的影响，孩子的日常生活中还存在着一种会影响心理健康的"暗礁"——接触陌生人，以及家中的熟人、朋友。这方面的不良影响源于，这些人未必发自内心地喜欢孩子。他们与孩子的相处时间很短，因此会尽可能地逗孩子开心，做让孩子能记住他们的事情，同时没有原则地宠爱、纵容孩子，比如经常莫名其妙地表扬孩子。这些表扬的话未必真实，却很容易让孩子忘乎所以，甚至骄傲自负，这极大地干预了父母对孩子的正常教育。不管从哪个方面来说，这都是不应该的，父母应当尽量减少这类事情的发生。陌生人带来的不良影响还在于故意弄混孩子的性别，如称小男孩为"俏姑娘"，称小女孩为"英俊男孩"。为什么要尽量避免这类事情，在"青春期"一章中我们会着重讨论。

家庭环境给孩子成长带来的影响应当引起人们的高度重视。家庭环境是孩子了解人际关系与交流合作的第一课堂，家庭成员参与社会生活的方式与表现，就是孩子学习与示范的榜样。如果家庭环境非常封闭，少与外界交往，培养出来的孩子就会明显地区分自己的家人和外人。随着时间的推移，孩子心中的家庭世界与外部世界之间，慢慢就会形成一条难以逾越的鸿沟，以至于孩子在看待外部世界时，内心始终充满了敌意。在这种几近与世隔绝的家庭中成长起来的孩子往往多疑，看待外部世界时习惯站在自己的视角。这其实很不利于社会情感的发展。

孩子3岁时，差不多就到了和他人一块儿玩耍的年纪，家长也应当鼓励他们这么做，这样等他们真正与陌生人接触时，就不至于脸红、胆怯，甚至表现出敌意。在溺爱中长大的孩子很容易出现这类问题，因为他们打心底里就"排斥"他人。这些问题如果父母发现得早且及时得到了纠正，孩子日后遇到的麻烦就会少很多。如果一个孩子在3~4岁时，已经受到了良好的教育，能在家长的鼓励下与别的孩子一块儿玩耍，且具备一定的集体意识，他之后再与别人接触时，就不会产生心理障碍，更不会患上神经官能症或精神错乱症等疾病。相反，生活封闭、不善交际、独断独行的人，上述所有问题都可能出现。

在讨论家庭环境给孩子成长带来的影响时，有一个因素尤为重要，那就是家庭经济状况的改变。一个富裕的家庭突然变得贫穷，给孩子造成的影响会非常大。由于过惯了养尊处优、被人百般宠爱的生活，特别是当孩子还不是很大的时候，他们很难接受落魄的现状，常常恨不得回到过去。不过，一夜暴富式的变化也未必能给孩子的成长带来好处。陡增的财富，连父母也未必清楚该如何正确使用，更不用说孩子了。处于这种状况下的父母，用钱很可能变得大手大脚，并试图依靠钱财提升孩子的幸福感，对孩子提出的需求也尽可能满足，甚至是纵容。这样做很容易让孩子犯错，我们也注意到，从这种家庭中走出来的孩子，或多或少都会出现一些问题，严重的还可能成为典型的问题儿童。但如果训练得当，孩子具备了一定的合作精神与能力，上述问题就都可以避免。不过，孩子也可能拿这些突变的外在环境当借口，拒绝培养合作精神，不愿意提升相关的能力，这时我们也不要逼迫孩子，要对他们保持足够的耐心。

不仅物质方面的富足或贫穷会影响到孩子的内心，欠佳的精神氛围也一样，而我们最先想到的，就是对一个家庭的偏见。假如一个孩子的父母或其他成员做过不光彩的事情，这种不良行为就很容易导致偏见，并且给孩子的心理造成巨大影响。由于害怕别人知道父母或家人有问题，他们害怕与别人交往，也不敢憧憬未来。

作为父母，不仅要引导孩子读书、学习、计算，更要为他们心理的健康成长保驾护航，不要让他们背负无谓的压力。如果父母的婚姻出现危机，家中矛盾不断，那么在这种氛围中成长的孩子肯定会出问题。一个习惯酗酒、脾气暴躁的父亲也应当好好反思，他的这种行为会给孩子带来怎样不好的影响。这类来自家庭的不幸经历，往往会在孩子的心中烙下深深的印记。当然，从理论上讲，只要孩子的社会情感足够丰富，懂得与人合作，这些不幸给他们造成的伤害就会显著减弱。但问题在于，上述的不幸本身就是他们父母造成的，这些孩子又怎么会再相信他们的父母，并且接受父母给予的训练与指导呢？基于这方面的原因，不少学校近年来都掀起了建造儿童咨询诊所的热潮。既然父母难以将角色扮演到位，为了确保孩子依然能够健康发展，理应由其他人代替他们的父母完成工作。于是,这一职责便落到了具有心理学培训资质的老师身上。

偏见除了来自个人,还可能来自国家、种族和宗教。一种偏见的背后,必然存在着相应的侮辱者与受辱者。侮辱者大都自恃高人一等,具有与生俱来的优越感,往往心高气傲、目中无人,试图借助侮辱别人的方式,让自己的内心得以满足。不过,根据我们的经验,侮辱者的行为不仅会给受辱者造成巨大伤害,最终侮辱者自身往往也会以失败收场。

这类偏见往往还是战争爆发的导火索,要想促进人类文明持续进步,这种容易给人类带来巨大灾难的偏见就必须消除。老师应当将战争的真相向孩子解释清楚,不能让他们简单地认为,会一点所谓拳脚功夫就能在他人面前展现自己的优越感。虽然没有明文规定必须要这么做,但让孩子提前有个心理准备也不是什么坏事。受军事教育的影响,一部分孩子会踏上军旅生涯。还有一部分孩子虽然接受了军事教育,但最终却没有参军,这些孩子爱上打打杀杀之类的游戏的可能性更高。受这类游戏的影响,他们的心理或多或少会出现一些微妙的变化,即他们空有如战士一般争强好胜的心理,却始终不知道应当怎样与身边的人友好相处。

父母每逢圣诞节或其他重大节日时,都有给孩子送礼物的习惯,但应当选择什么样的玩具当礼物,很多父母都没有认真思考过。其实,像刀枪棍棒就不适合送给孩子当玩具玩,同时也要让孩子少参与战争类的游戏,少阅读与英雄崇拜相关的书籍。给孩子选择一款合适的玩具其实有很多学问，但不管选择什么类型的玩具，都应当以帮助孩子提升合作意识、创新精神和创造能力为目的。如果孩子能够亲手制作玩具自然更好，因为它给孩子带来的意义与价值要远超布娃娃与玩具狗等现成的玩具。

我们还要强调一点，玩玩具时要让孩子学会尊重动物，要让他们明白，动物是人类的朋友，不管是小鸟、小狗、小猫，它们都跟人一样懂得喜怒哀乐，并不只是一个个有生命的玩具。当然，我们还要帮助他们消除与动物相处时的恐惧感，告诫他们不要虐待动物。一个习惯虐待动物的孩子，往往伴有欺凌弱小的倾向。如果一个孩子知道该怎样与动物友好相处，我们就可以认为，他也做好了与别人友好合作的准备。

亲人给孩子的成长带来影响在所难免，首先要提及的就是祖父母。我们应当冷静客观地看待祖父母的生平，因为和当今相比，他们的处境或多或少具有一些悲剧色彩。按理来说，随着年龄的增长，人的发展空间会更加广阔，兴趣爱好也会变得更加广泛，但现实却与他们开了一个巨大的玩笑，衰老让他们渐渐被社会抛弃，并且失去了展现自我价值的舞台，这确实非常遗憾。其实他们能做的事情还很多，只要有合适的机会，他们也能收获更多的幸福与快乐。我们认为，一个人不管是60岁、70岁，甚至是80岁，只要他愿意，就可以坚守在自己的事业上。与其粗鲁地终止老人的人生计划，不如让他们继续自己的事业。

老人过早地被社会抛弃，其实也会给孩子的教育产生不利的影响。原本可以继续创造价值的祖父母们，为了证明自己余热尚存、活力满满，就会试图插手孙辈的教育，证明他们可以在孙辈们的教育上帮衬一把。他们希望能给孙辈们更多的爱，在对待这些孩子时就会格外地体贴入微，溺爱纵容，但这样一来，便给孙辈们的教育带来了巨大的麻烦。

当然，我们应当体恤老人的这份心意，尽可能为他们创造一些能发挥余热、体现价值的机会；同时，也要让老人明白，应当通过教育的手段让孩子变得独立。孩子不应该只是长辈寄托感情的对象，更不应该被卷入家庭纠纷之中。如果老人与孩子的父母之间出现了矛盾，双方都应当保持克制，千万不要让矛盾进一步扩大，把孩子牵扯进来。

我们注意到，被祖父母溺爱的孩子，更容易患上心理方面的疾病，其中的原因不难理解：溺爱等同于过度纵容，容易引发同龄孩子之间的无谓竞争或妒忌。许多孩子都曾说过类似的话："祖父最疼爱的人是我。"这样一来，其他的孩子就会觉得自己不是祖父"最疼爱"的对象，容易变得心理不平衡。

特别聪明的表兄弟、表姐妹也是极容易影响孩子成长的一类亲人，严重的还可能给孩子的成长带来麻烦。比如，大人在表扬一个孩子的兄弟姐妹聪明漂亮时，这个孩子就会感到不愉快。如果这个孩子非常自信，并且形成了良好的社会情感，他就会明白大人的言外之意，话中的"聪明"，不过是在肯定兄弟姐妹的努力成果，自己勤加努力的话，也可以和兄弟姐妹一样优秀。但如果他意识不到这一点，而认为兄弟姐妹的聪明是天生的，他就会认为命运对自己不公，继而感到自卑。这种错误的认识甚至可能影响孩子的一生。

漂亮的外表确实是上天馈赠的礼物，但它在现实社会中的价值也的确被过分夸大了，这很容易影响孩子的心理健康。这种情况在很多孩子的身上都有所展现，比如，女孩会为自己不如表姐妹漂亮而苦恼，男孩也可能因为自己不如表兄弟帅气而自卑。即便过了几十年，这种发自内心的羡慕与嫉妒依旧可能存在。

要解决这方面的问题，家长就应当尽早让孩子明白，与人相处的能力远比好看的外表更加重要。当然，"爱美之心，人皆有之"，确实没有人喜欢丑陋的外表，人人都渴望自己能变得更加美丽。但是，过于拔高外表的价值，将它与其他价值割裂开来，并且把"变漂亮"当成人生的终极目标，这也是不对的。美丽的外表，与生活优越、幸福美满没有必然的联系。虽然大部分的罪犯都面目可憎，但也不乏容貌姣好的。这些人之所以会犯罪，其实也不难理解：他们本以为拥有人人喜爱的外表就能不劳而获、生活富足，因此并没有做好充足的准备以应对生活与未来；等意识到不付出就无法生活的道理之后，他们已经无法在短期内改变自己的习惯与观念了，因而很容易选择犯罪这条捷径来满足自己不劳而获的心理。古罗马诗人维吉尔说过一句话："通往地狱的路，往往走起来非常容易。"它表达的大致就是这个意思。

关于适合孩子看的书，我在这里还想多啰唆几句。如什么书适合孩子阅读、让孩子读童话故事前应该做怎样的准备工作、孩子该如何阅读《圣经》之类的书等，这类问题都值得探讨。孩子有两方面的特点很容易被忽视，一是他们理解事物的角度不同于成人，二是他们理解事物时会掺杂自己的喜好。胆小的孩子会从《圣经》与童话故事中寻找胆小的例子，以证明他们的胆小是合理的，他们也会因此一直胆小下去。因此，我们应当在童话故事与《圣经》中写上注解，帮助孩子弄清故事的本意，避免因片面的理解而让错误的意识在他们的脑海中根深蒂固。

　　童话故事是非常好的读物，它不仅有益于孩子的成长，有时也能让成人受益匪浅。虽然每个时代都会产生一批优秀的童话故事，但创作这些作品的时代背景、地理环境都与现在差异显著，而这些差异又是孩子们难以通过自己的能力完全理解的。若这些铺垫工作没有完成，孩子在阅读童话故事时，就很容易对故事内容产生距离感。比如，很多童话故事里都有一个被世人称颂、毫无缺点的王子，这个角色浑身上下都散发着迷人的魅力。很显然，这种形象是人们刻意杜撰的，而且在一个崇尚王权的时代，这种杜撰本身也具有合理性。类似于这种常识，就应当告诉孩子，让他们明白故事中的王子是人们想象出来的，这么做是为了传达一种美好的愿望；否则，这些童话就很容易误导孩子的成长，当他们在成长中受挫时，就会萌生一些不切实际的想法。比如，我们在询问一个12岁的男孩有什么伟大的理想时，他的回答就是："我要当一个无所不能的魔法师。"由此可见，孩子在阅读童话故事时,家长和老师也要适当进行引导,这样才能有效激发孩子的合作精神,同时拓宽他们的视野。

看电影也是阅读的一种形式。1岁左右的孩子,理解不了电影的内容,电影对他们的影响也就无从谈起。可是,当孩子的年龄再大一些时,他们就可能因为一知半解的理解能力,对电影传达的内容产生误解,即便是浅显的童话剧也不例外。比如,有个孩子在4岁时去剧院看了一部童话剧,他在多年之后仍然坚信,世上有专门卖毒苹果的老太太。孩子无法正确理解电影的主题,所以主观臆断、片面理解等情况都可能发生。父母要做的,就是耐心地向孩子解释电影的主题并加以引导,以免错误的认识给他们未来的成长造成影响。

我在前面已经给大家简要介绍了孩子成长过程中需要注意的几个外在因素,虽说不一定全面,但基本涵盖了最重要的部分,并且进一步强调了个体心理学中"社会兴趣"和"勇气"这两个最基本的概念,总体上能够说明影响孩子成长的一般原理。

第十二章

性教育的意义与误区

青春期性教育是一个特别重要的话题，市面上俯拾即是的相关书籍也能佐证我们的这一判断。不过，我们说的特别重要，与大多数人的理解有所不同。每个孩子在青春期的表现都不一样，所以我们在一个班级中可以看到各种各样的孩子：有的积极上进，有的反应迟钝，有的干净整洁，有的邋遢懒散，等等。我们还注意到，一些孩子长大甚至变老之后，他们的举动仍与青春期时没什么两样。

按照个体心理学的理解，这些现象并不罕见，因为他们的心理发育早在青春期时就已经停止了。

个体心理学认为，青春期和人生其他的成长阶段一样，每个人都要经历，但这并不意味着，只要经历了某个成长阶段，人的心理就一定会发生改变。我们可以把这些阶段当成人在不同环境下需要面对的考验，它们能够直观地反映人们已然形成的性格特征。

比如，小时候被管教特别严的孩子，往往不敢表达自己的观点，认为自己卑微渺小。到青春期时，由于身心都处于快速发育的阶段，一部分孩子很快便冲破了内心的枷锁，在蜕变中进入了全新的阶段；剩下的孩子则没有这么幸运，快速发育的他们并没有找到合适的成长方式，依旧被束缚在过去的经历中，对生活的兴趣越来越淡，性格变得越来越孤僻，导致成长慢慢停滞下来。这些孩子很可能在小时候就被宠坏了，无法适应外在的环境，以至于进入青春期后，身心的快速发育与外在环境的突变让他们措手不及。

孩子在青春期的状态已经接近成人，能比较真实地反映出孩子的生活风格，如对生活持有什么态度、能否与人友好相处、社会情感如何，等等。一个社会情感严重缺乏的人，表现社会情感时往往会非常夸张，处于青春期的孩子一般都是这样，难以把握好表达社会情感的度。孩子的社会情感过于强烈也不是什么好事，他们很容易做出只顾他人而牺牲自我的事情。这种做法我们不提倡，一个真正有志于投身公共事业、服务他人的人，首先要做好自己，而一个自顾不暇的人想为他人服务，其实与异想天开没什么区别。我们也注意到，不少青少年的社会情感已经丧失，有的早在14岁就已辍学，并渐渐与老同学、老朋友失去了联系。此时他们虽然步入了社会，却没有及时建立起新的人际关系，很容易与社会完全脱节，继而产生孤独与无助的感觉。

就业是我们接下来要探讨的话题。一个人的职业观会在青春期初露端倪。我们注意到，这一时期的许多青少年都热爱工作，也变得独立自主起来，这说明他们已经步入了健康发展的轨道。

但也有一部分青少年由于成长停滞，迷失了前进的方向，即参加了工作的人在不停地跳槽，还在读书的人则总在考虑要不要换一个更好的学校，除了这些，他们也不知道该干什么。说到底，这些人就是不想学习、不想工作、不想进步。这些问题并不是青春期造成的，而是早已形成，只不过在青春期集中表现出来了而已。如果我们对孩子的了解更深一点，给孩子独立表达自我的机会更多一点，对孩子不再像小时候那样处处设限，他们在青春期乃至今后人生中的表现就会更好。

爱情与婚姻是我们这一章中要讨论的第三个问题。青少年对这个问题的态度，又能折射出他们人格中的哪些特点呢？这依旧与他们小时候的生活密切相关，而且青春期强烈的心理活动，会让这些特点表现得更为清晰、准确。

我们注意到，不少处于青春期的孩子对爱情和婚姻已经有了初步的认识，到底该表现得浪漫还是勇敢，他们已经有了明确的答案。不管怎样，至少在对待异性时，上述两种选择都很正确。有些青少年则走向了另一种极端——羞于谈性，而且离真正的成人生活越近，越能看出他们还没有为即将到来的成人生活做好准备。

根据孩子在青春期的种种表现，我们完全可以推断出他们未来的生活，而这也为我们的引导、干预工作提供了参考依据。如果一个处于青春期的孩子对异性的态度非常消极，说明他的童年可能过得并不愉快。据我们了解，这种孩子的求胜心都很强，并因父母偏爱其他子女而倍感沮丧。这种情况下，他就会认为一个人应当坚强起来，不要感情用事，并将一切情感视为进步的羁绊。

孩子在青春期时学会了要表现自我，这个时期也因此充满了不安定因素。如果孩子进入青春期后突然萌生了离家出走的想法，则说明他们已经对家庭生活感到不满，所以想找一个脱离家庭的机会，并且不愿再接受家庭的养育。不过，不管站在父母还是孩子的角度，家庭的养育都是必要的。如果孩子真的因为供养中断而遇到了无法克服的困难，他们就会认为这完全是父母不管不顾造成的。长期与家人一块儿生活的孩子也有离家出走的可能，只不过这种可能性会小一些。如果这些孩子这么做，主要是因为与家人生活在一起让他们充满了拘束感，过于周到的照顾让他们觉得没有自由，没有足够的空间表现自我，也没有机会真正认识自己。所以只要有机会，他们就会夜不归宿，沉浸在夜间外出的快乐与满足之中。这其实是他们对乏味的家庭生活做出的无声控诉。

和童年时期相比，处于青春期的孩子更在意他人的表扬，听惯了表扬的孩子如果突然得不到别人的表扬了，心中的落差就会非常大。一个成绩历来优异、表现良好的孩子很容易被老师高度赞赏，然而他在转校之后，再想得到表扬就没那么容易了。这时候，从表面上看，他似乎变了个人一样，表现也不如以前那样优秀。其实，他并没有发生什么本质的改变，只是因为外在环境发生了变化，他无法在短期内像过去那样展现出真实的性格而已。一个人在进入完全陌生的环境时表现出来的短暂不适也是类似的原因。

好在这些问题都是可以解决的，和孩子建立深厚的友谊就是行之有效的方法之一。鼓励孩子结交良师益友只是一个方面，家庭成员之间也要相互信任。

事实上，只有与孩子友好相处，不断给他们鼓励的父母和老师才能发挥引导的作用；其他人即便想给予指导，也会被孩子拒之门外，因为处于青春期的孩子容易多疑，在他们的眼里，不熟的人就是外人，甚至是敌人。

我们注意到，有些处于青春期的女孩会对自己的性别不满，而且会模仿男孩的行为习惯。这是因为和努力工作相比，模仿男孩抽烟、喝酒、拉帮结派显然更容易。有些女孩会为自己这么做找借口，辩称这不过是在吸引男孩的注意力。认真深入地观察她们的行为，我们就能找到其中的原因：这些女孩从小就对自己的性别非常不满，青春期的快速成长让她们有勇气将这种厌恶感表现出来。

所以，处于青春期的女孩的这类表现应引起我们的重视，她们未来会对自己将要扮演的角色持什么样的态度，从中或许可以略知一二。

处于青春期的男孩普遍认可聪明、勇敢、自信的男性角色。有些男孩不相信自己能成为一个真正的男子汉，特别是从小没有接受过男性角色教育的男孩，他们的这种性别缺失会在青春期表现得更加明显。

其中一些男孩举手投足都跟女孩无异，喜欢化妆打扮、卖弄风情、扭扭捏捏。和这种女性化的男孩相反，一些男孩在青春期则会变得过于男性化，甚至可能通过非常恶劣的行为来展现男性的人格特征，比如酗酒、纵欲，乃至单纯为展现男子气概而进行的犯罪。内心充满优越感、想当领袖、表现欲强的男孩更容易出现这些问题。别看这些男孩气势汹汹、野心勃勃，其实他们的内心无比脆弱。美国最近就不乏这种例子，像李奥波德和勒伯（Leopold and Loeb）（译者注——即纳森·李奥波德、李察·勒伯，二人于1924年在美国芝加哥绑架并杀害了一名14岁的少年，制造了曾在美国轰动一时的"李奥波德与勒伯案"。它也是最早在美国被称为"世纪犯罪"的重大刑事案件之一）就是这样的人。我们通过研究发现，这些人不想付出太多的努力，但又想过上不错的生活。光从表象上看，人们会认为他们渴求上进，但其实根本没有拼搏的勇气。那些后来走上犯罪之路的孩子也都表现出了类似的特征。

我们还注意到，很多孩子第一次殴打父母也是在青春期。忽视人格统一性的人往往认为，孩子突然学坏了才会这样。其实孩子根本没有变，和小时候差不多，只要仔细研究他们过去的经历就能发现这一点。至于过去不敢做的事情现在敢做了，主要还是因为青春期的发育让他们具备了更强的力量。

还有一点要特别注意，几乎每个处于青春期的孩子都会觉得，似乎应当做点什么来证明自己已经不再是个孩子了。这是一种有些可笑，而且非常危险的想法。成年人想证明自己实力的时候都很容易走极端，更何况是正值青春期的孩子？要解决这个问题也不难，只要告诉他们，向家长、老师证明什么其实没有必要，也没有意义。从源头上打消了顾虑之后，他们也许就不会再想这么做了。

有这样一种处于青春期的女孩：过分夸大对男性的爱慕之情，甚至会为男性痴狂。她们常常认为母亲管得太多、太死，如果母亲干预了她们与男孩的交往，她们甚至会和母亲争吵不休。她们还会故意和男孩勾搭在一起来激怒母亲，而且当她们发现母亲为此大发雷霆之后，内心往往会感到特别满足。一些女孩由于受不了严厉的管教，容易和父母大吵一架之后离家出走，而这往往也是她们和男性第一次发生性关系的时候。

这些所谓的坏女孩，居然是对她们期望颇高的父母亲手培育出来的。这句话看上去或许很讽刺，但这就是事实，错误的根源不在女孩，而在父母，因为他们忽视了女孩的心理成长，没有提前让女孩做好迎接青春期的必要心理准备。父母在孩子的成长期间往往严于保护而疏于训练，以致使孩子在直面青春期的问题时缺乏判断，不能独立解决问题。有些女孩稍稍幸运一些，她们遭受这些问题考验的时候已经度过青春期了，有可能到了结婚生子的阶段。但不管什么时候出现，它对女孩都是不利的，所以父母应当协助女孩做好充分的准备，让她们能够顺利地走过青春期。

有关女孩在青春期面临的问题，我们可以通过一个15岁女孩的案例来说明。

这个女孩家境贫寒，出生的时候父亲刚好病重，需要母亲照顾；加上她的哥哥也体弱多病，所以母亲只能将注意力放在丈夫和儿子身上。这种境况让女孩很早就意识到，哥哥受到的关爱明显比她要多，她基本上没有体验过被父母关爱的滋味。眼见父亲和哥哥被母亲无微不至地照料着，女孩非常渴望母亲有一天也会这样照顾她。

不久之后，母亲又生了一个妹妹。或许这就是上天的安排，妹妹出生之后，父亲就康复了。母亲虽然不用再照顾父亲，但父母的注意力又都集中到了妹妹的身上，她再一次失去了被关注的机会。女孩敏感地意识到，妹妹小时候受到的关爱也显然比自己要多，这让她非常不平衡。

由于在家中得不到父母关爱，女孩把所有的注意力都集中在了学习上，并且很快就成了班里的第一名。她出色的表现让所有老师都喜欢她，并建议她继续读中学。可等她升到中学时，情况却大不一样了，新老师不认识她，也就不会像以前的老师那样对她格外关注。在家得不到关注，现在在学校也是一样，这让她非常沮丧，成绩也一落千丈。

她开始寻找愿意关注她的人，并且很快就在社会上认识了一个男人，然后与男人同居了两个星期。不过，这个男人新鲜感过后，就开始冷落她，后面的事情不用多说，大家也能想到。这时，女孩渐渐意识到，她并没有获得自己渴望的那种关爱。于是，追求幸福与关爱双双失败的她萌生了自杀的念头。她给父母写了一封信："我服毒了，你们放心，我不痛苦。"

自从她离开学校，父母就开始四处寻找她的下落，在收到信时也一度惊慌失措。好在她没有真的自杀，而是以此来吓唬父母，并换得他们的原谅。写完那封信之后，她就独自游荡在马路上，父母看见她后，就立即将她带回了家。

这个女孩如果意识到，她会做出这一切完全是渴望被关注的心理在作祟，所有事情或许都不会发生；如果她的中学老师注意到了这一点，并且给予了她些许关注，事情也不会变得这么糟糕。不管在整件事的哪一个阶段，只要采取了相应的措施，后面的事情都不会发生。

接下来，我们再来看看性教育方面的问题。最近，不少人都将性教育的影响过分夸大了，甚至到了不可理喻的地步。由于过分夸大了缺乏性知识会带来的后果，这些人认为各个年龄阶段都要有相匹配的性教育。其实只要回顾我们自己，同时稍加观察别人的性教育经历，就会发现性教育固然重要，但远没有他们说的那样夸张。

个体心理学认为，父母在孩子2岁时就应当对其进行性别教育，让孩子明白性别是无法改变的，男孩长大后就是男人，女孩长大后就是女人。家长还要让孩子明白，教育男孩的方式和教育女孩的方式不同。这样一来，孩子心中就有了明确的性别意识，会依照所属的性别做好相关的成长准备。有了这一层认识，就算孩子的性知识确实存在不足，他们也不会在成长中遇到大麻烦。如果孩子不懂得这方面的道理，认为性别能被某种强大的力量改变，他们的成长就很容易出问题。

想改变孩子性别之类的话最好也不要说（译者注——这里说的并不是真正意义上的变性，而是指：父母在男孩面前表达"你若是个女孩该多好"，或者在女孩面前表达"你是个男孩该多好"的想法），因为它们很容易给孩子造成性别认知的障碍。然而，这些原本可以避免的事情，有些父母却偏偏喜欢做。比如：把女孩当成男孩养，或把男孩当成女孩养；让孩子穿上异性的衣服，并给他们拍照留念；将一个酷似男孩的女孩称为"假小子"，或将像女孩的男孩称为"假姑娘"。这都会给孩子的成长带来很大的烦恼。

我们应当多跟孩子传达男女平等的理念，不要再让他们形成男尊女卑的思想，这一点非常重要。因为它不仅能防止女孩变得自卑，还有助于让男孩形成正确的两性观，以平等友善的态度对待女孩，而不是将她们当成发泄性欲的工具。当孩子们了解了男性和女性未来各要担负的责任之后，他们对两性关系的理解就会深刻得多。所以，仅仅传达有关性的生理知识还不够，真正的性教育应当帮助孩子塑造健康的爱情观和婚姻观，这也与孩子的社会情感紧密相关。缺乏社会情感的孩子，很容易对性问题持无所谓的态度，在评价性问题时，常会以是否满足自我的欲望为基准。

我们现有的社会文明就存在着男女不平等的缺陷。由于社会文明更偏袒男性，对占主导地位的男性自然更有利，女性便成了受害者。不过，这种偏见很容易让男性的优越感过度膨胀，有时连最基本的是非问题都无法判断，所以他们也是受害者。

过早地让孩子接受两性生理教育完全没有必要，等孩子对两性问题开始好奇、产生兴趣时再告诉他们也不迟。有些孩子可能对这方面的问题羞于启齿，如果细心的父母发现孩子有这方面的疑问，就应当选一个合适的机会跟孩子讲述相关的知识；把父母当朋友的孩子往往会主动询问，父母这时应当尽可能用容易被孩子理解的方式来解释，同时也要注意措辞，以免给孩子造成性冲动等不良刺激。

有些孩子会表现出显著的性早熟，但家长大可不必为此担忧。性发育往往在人出生后的几个星期就开始了。有些家长发现，婴儿有时会故意刺激自己的性兴奋区，因为婴儿也是能够感受到性快感的。家长虽不必为此惊讶，但若发现孩子的这种举动，还是要及时制止。不过，孩子这方面的问题，家长也不要给予过度关注，否则他们很可能故意这么做来引起家长注意。我们可能会误以为孩子的性意识在这个时候已经萌发了，其实不是。很多孩子故意玩弄生殖器，是因为他们知道这么做会让父母担心。就和装病的小孩一样，他们发现只要这么做，父母就会格外关注他们。

为了让孩子健康成长，父母不要过多地亲吻或拥抱孩子，避免给他们的身体造成过多的刺激，与处于青春期的孩子相处时更要留心；同时，也不要刻意通过精神刺激来激发孩子的性意识。在心理咨询过程中我们还注意到，不少孩子都在父亲的书房中看到过具有性暗示的图片，这应当引起家长的注意，因为过早让孩子接触涉及两性的读物、电影，或者是孩子理解不了的其他读物，对孩子的身心健康都有害而无益。如果孩子远离了这些太超前的性刺激，孩子在青春期面临的性困扰也将大幅减少。

良好的性教育离不开父母的坦诚，在正确的时机下，简要而真诚地解答孩子的疑惑是最好的处理方式。千万不要故意刺激孩子的身体，不要勾起他们的性意识，更不要对他们撒谎，否则很可能由此失去孩子的信任。我们注意到一个事实，孩子们获取的性知识中，90%都来自同伴。这是因为不少父母都没有赢得孩子的信任，比起向父母咨询性方面的问题，他们更愿意从同伴那里获得答案。

相比于父母解答孩子性问题时应当使用的语言、技巧，家庭成员之间紧密合作、相互信任、友好相处等，这些因素显得更为重要。父母不仅要注意孩子本身在性方面是否存在不当的行为，还要注重外在环境可能造成的影响。因此，一定不能让孩子看到父母发生性关系的场面；条件允许的家庭，孩子和父母最好能分房睡，最起码也要做到分床睡；兄弟姐妹最好住在不同的房间里。性经历太早或太多的孩子，往往也会过早地对性失去兴趣。

由此可知，给孩子的性教育与其他方面的教育没有区别，都讲究家庭内部的合作，都需要友爱精神的支撑。当合作精神、正确的性观念、男女平等思想在孩子的心中有机结合时，他们就具备了迎接未来人生的健康价值观。不管再遇到什么样的困难，他们都能应付自如。

一个教育失误的例子

不管是家长还是老师，都不能在教育孩子时表现出丝毫的灰心丧气，不能因为辛苦努力没有收到成效而失落、绝望，不能因为孩子萎靡不振、消极颓废而产生挫败感，也不能让天赋论等无稽之谈干扰教育的方向。

个体心理学认为，要让孩子具有精气神，就要多鼓励，让他们变得自信，明白"没有过不去的坎，只有没想到的招"这一道理。虽说付出未必能换来等量的回报，但无数的成功案例依旧表明，只要努力，多多少少还是会有收获的。下面这个12岁男孩的案例就能生动地说明问题。

这个男孩读六年级了，他成绩很差，但却对此不以为意。他从小就经历了诸多不幸。

由于患有佝偻病，他3岁才学会走路，快4岁时还只能说几个简单的词。4岁那年，他在母亲的陪伴下看了心理医生，结果被告知能治好的希望非常渺茫。母亲不相信，于是将他送到了一所儿童指导学校。

不过，男孩在学校的进步不明显，也看不出学校究竟采取了怎样的措施。6岁时，他和其他孩子一样上小学了。由于接受了额外的家庭辅导，他勉强通过了一、二年级的考试；三、四年级的学习对他而言已经很难，但总归是艰难地读完了。

男孩在学校的表现并不好，大家都知道他非常懒惰，上课不专心听讲；其他孩子取笑他时，他也懂得示弱，会表现出一副确实比不过的样子。他在学校里只和一个朋友有来往，两人关系不错，还经常一起散步。其他同学在他眼里都不友好，因而也不愿与他们往来。

尽管老师也常常抱怨这个男孩数学不好、作文不行，但依旧相信他能和其他孩子一样取得进步。

根据这个男孩的经历以及他的实际表现，他应该是深深地陷入了强烈的自卑感中，也就是我们提到过的自卑情结。他有个成绩很好的哥哥，而且父母认为哥哥升入中学可以不费吹灰之力。家中那个学习轻松且成绩优秀的孩子，往往都会成为父母炫耀的资本；受父母的影响，这个成绩优秀的孩子也会认为，学习确实很轻松。

事情的真相是什么呢？原来，这个哥哥上课特别认真，在课堂上就记住了要掌握的内容，所以就算回家后不学习，他的成绩依旧不错。

其他的孩子就不一样了，他们上课经常开小差，所以回到家后不得不花大量的时间重新补习，学习起来自然特别费劲。两者对比，大家自然会觉得这个哥哥确实天生就是读书的料。

因为有一个优秀的哥哥，男孩觉得自己和哥哥仿佛有天壤之别,因而背负了巨大的压力。

他觉得自己处处不如哥哥,他的母亲也这么认为。假如他表现得不好,惹母亲生气了,母亲的这种感觉就会更加强烈。这个哥哥有时还会叫他笨蛋、白痴,如果弟弟不服,哥哥就会选择用拳脚的方式让弟弟服气。

由男孩过往的经历可知,他早已认定自己的能力与价值都比不上别人。同学们的嘲笑,学习上的失误,上课时的走神……这些现实不仅让他感到恐惧,难以在学校获得归属感,而且似乎也证实了他对自己的判断。

他最终会接受别人的评价——水平确实不高,也摆脱不了目前的处境。

只因为周围人的影响,这个孩子最后居然会变得心灰意冷、绝望至极,其实也是一件令人唏嘘不已的事情。

我们最终确认这个男孩对自己完全失去信心,是在与他交谈的时候。当时,聊天的氛围轻松而愉快,但他的身体却不由自主地颤抖,脸色也变得苍白。不过这都不是让我们得出结论的决定性因素,我们的结论是从一个很小的细节得出来的:这个孩子已经12岁了,但当我们询问他的年龄时,他故意告诉我们只有11岁。很明显,他没有说实话,而且这种错误他也不是偶然才犯下的。

我们曾经分析过,出现这类错误必然有更深层次的原因,如果将这个孩子的过往与他关于年龄的回答相结合,其实不难发现,他很想回到过去,因为过去的他更小、更弱,也更有理由被别人呵护。

由此,我们可以对这个男孩的人格系统进行重塑。他没有意愿去完成那些在他这个年纪本可以完成的任务,也不期望能获得大家的认可。

他自认为与全面发展的孩子相差甚远,不可能超过别人,甚至还会用行动让大家相信他就是这样的人。他还可能在白天尿床,甚至将大便拉在身上——一般来讲,只有仍把自己当成婴儿,或者想象自己就是婴儿的孩子才会这么做。这些行为都能佐证我们的观点,即他非常怀念过去,如果现实允许,他真的会这么做。别看他自称11岁,很多时候,他的表现其实跟一个5岁的孩子差不多。

这个男孩出生之前,他的父母雇了一个保姆。男孩出生后,保姆很疼他,只要有空就会代替母亲照顾他。早晨赖床不起,起床磨磨蹭蹭,他的这些情况我们都了解,他的父母对他这种懒散的表现也极度反感。这些表现足以说明他不想上学,但一个难以与同学友好相处、认定自己一无是处、内心无比压抑的孩子怎么可能喜欢上学?

但保姆却不这么认为,并且坚称他其实想上学。这又该怎么解释呢?

其实很简单,也很有意思。孩子很清楚,在生病的时候,他可以放心地说自己想上学,因为保姆一定会对他说:"你都病了,怎么能上学呢？"换言之，要是他没有生病，就不会说"想上学"之类的话。这也和我们的判断相同。他的家人自然看不透其中的矛盾，对此也就不知所措；保姆也是一样，她不知道男孩的真正想法，只能根据表面上的话认为他确实想上学。

就在这个男孩被父母送来我们诊所的前几天，他曾偷偷地拿保姆的钱给自己买了糖果，这也是促使他前来接受治疗的直接原因。偷钱买糖吃是一种非常幼稚的行为，只有年纪很小、无法自由控制身体机能、难以抵御糖果诱惑的孩子才会这么做。一个12岁的男孩还会做出小孩子的举动，从心理学的角度来看，这种行为背后的意义就是："你如果不照顾我，我就调皮捣蛋给你看。"由于缺乏自信，这个男孩也只能靠调皮捣蛋来让父母注意到他的存在。将他在家与在学校的表现简单对比一下，我们就能找出其中的联系：在家中，他可以胡搅蛮缠，让父母围着他团团转；但在学校，他显然做不到这一点。这种情况，到底应该怎样矫治才好呢？

在没被送到我们诊所之前，大家都认为这个男孩自卑、不上进，我们则不这么认为。他其实是一个正常的孩子，问题在于他极度缺乏自信，习惯以悲观消极的态度看待一切问题。这些表现明显到周围的人一眼就能看出来，所以他会在还没努力尝试的情况下，就认定自己一定会失败。"注意力不集中""记忆力差""不善于交友"，老师的这些评价，也佐证了他的不自信与消沉。

受这种环境影响，他想改变对自己的定位确实是一件非常困难的事。事实上，只要重获自信，他也能跟别的孩子做得一样好。

治疗期间，我们让他填写了一份个体心理学问卷，并且简单地进行了交流。此外，我们还跟与他相关的人了解了一些情况。他的母亲是我们咨询的第一个对象，由于早已对这个孩子失望透顶，因此她的诉求很简单：孩子毕业后，能找个养活自己的工作就行了。我们还与那个看不起弟弟的哥哥聊了一下，他的态度和母亲基本一致。

我们问过这个男孩："你以后想做什么？"听到这个问题之后，男孩沉默了很久。

不要小看这个问题，一个快要成年的孩子还不知道自己将来的理想，这怎么也说不过去。不少孩子都曾希望，自己能从事一些亲眼见过，并且看起来很有魅力的职业，比如司机、警卫、乐队指挥等。当然，不少人最终从事的工作和小时候的理想并无交集，但这并不重要，因为他们至少曾经对此满怀希望。但是，一个实际目标都没有，我们就会认为这个孩子的注意力还没有从过去转移到未来，甚至可以说，他不敢直面未来乃至一切与未来相关的话题。

乍一看，这个男孩有些特殊，好像与个体心理学中的一个基本原则不符。我们一再强调，孩子都有追求优越感的心理，都想发展自己、壮大自己，都渴望成功，但眼前的这个孩子却一再后退,缺乏动力,渴望别人能给予他最大限度的照顾和帮助。对于这种例外,我们又该如何解释呢?

原来,受复杂的背景影响,人的心灵成长轨迹往往不是笔直的,没有全面而深入地了解过一个人的整体情况,就很难发现根本性的问题。

如果从一个复杂的案例中得出了简单而天真的结论,这个结论多半有问题。种种让人迷惑的表象很容易让一件事情变得复杂,事物也可能受此影响而朝相反的方向发展。案例中的男孩之所以不渴望进步、不追求优越感,反而渴望回到过去,是因为在他看来,只有这样做,才能获得安全感。

他会这么做也有一定的合理性,虽然在我们看来,这种合理性荒诞至极。像这样的孩子,小时候往往有特别强大的支配力,能够有效地引起家人的关注。和这个男孩一样,他们长大后也会慢慢变得不自信,认为自己必然一事无成。一个人在这种情况下怎么可能萌生出为未来拼搏奋斗的动力呢?因此,他们只能退而求其次,将注意力转向那些人们不关注、没有要求的方面。只有在这个时候,他们才敢通过行动引起别人的注意,而这又像极了他们小时候弱小无助、凡事依赖别人的样子,所以他们才会总想回到过去。

除了男孩的母亲和哥哥,我们还向他的父亲、老师咨询了一些情况。虽说这种咨询工作很花费精力,但它确实有助于孩子的治疗;如果老师能够有效地参与进来,整个过程将会变得更加容易。

然而，这终究只是理想的状态，真正实施起来往往困难重重。不少思想守旧、墨守成规的老师认为，心理分析是一种旁门左道，是伪科学，得出来的结论没有多少参考价值；也有一些老师则担心，心理分析会剥夺老师的部分权利。很显然，他们并没有正确认识心理学，因而无法领会心理学的重大价值。真正的心理学是一门科学，短期内无法真正掌握，必须经过长期研究和实践才能展现出它的巨大作用。

宽容是教育过程中必不可少的重要品质。一些新兴的心理学观点很容易与我们固有的见解相左，最明智的做法其实是对它们宽容相待。就目前来看，我们也没有权利否定老师的观点，即便这种观点是错误的。这种情况下，如何才能帮助案例中的男孩顺利解决问题呢？

根据我们的经验，转学或许是最直接的方法，换个环境也许就能降低他走出困境的难度，而且不会影响周围的人。没有人知道究竟发生了什么，正好顺势让这个男孩轻而易举地甩掉一切沉重的负担。

进入新的学校之后，环境、老师、同学，这些因素对他来说都是陌生的，他不用再担心会有人向他投来鄙视的目光。但是，具体应当如何操作，这个问题就不好回答了。

各个家庭的环境不同，对孩子教育的影响就不同，解决问题的方法自然也会因人而异。但不管怎么说，如果大部分的老师都能对个体心理学略知一二,处理这类孩子的问题就不会棘手了。因为他们明白,面对这类孩子时,一定要满怀理解之心的同时为他们提供力所能及的帮助。

第十四章

完美的儿童教育需要父母参与

前面多次提到，这本书是专门为家长和老师写的，希望书中提到的有关儿童心理学的新观点，能给他们教育孩子带来启发。

我们在前面的章节中，主要探讨的是孩子能否受到良好的教育，但没有就孩子的成长和教育到底受父母影响多还是受老师影响多进行讨论。我们所指的教育不是学校开设的课程，而是比课程教育更重要的人格发展。从理论上讲，父母和老师都是儿童教育中不可或缺的部分，父母主要负责指出学校教育的不足，老师主要负责弥补家庭教育的缺陷，但在实际情况中，教育孩子的重担主要还是压在老师身上。一般来讲，老师会把教育孩子当成一种职业兴趣，也会将它视为一种职责；父母对新教育观念的认知则没有老师那么敏感，也难以将教育工作持续、系统地进行下去。因此，为了让孩子能为明天做足准备，个体心理学也把重点放在了学校和老师能给孩子造成的影响上。当然，家长的配合也必不可少。

在整个教育期间，老师和家长的冲突在所难免，导致冲突的一个重要原因是，老师需要对家庭教育中的不足进行纠正。家长很容易对此产生误会，认为老师是在指责家长的教育工作没有做到位。基于这种现实，老师与家长应当怎样相处才好呢？这个问题，我们应当以老师的立场为基础进行讨论，要想处理好老师与家长的关系，就要把它上升到心理问题来对待。

我们接下来的讨论，主要围绕家庭教育工作做得不好的家长来展开，而这些家长，老师在教育工作中一定会遇见。不少老师都有这种感觉：和问题儿童打交道并不难，难的是和他们的家长打交道。无数老师在实践中也逐步意识到，和这些家长打交道一定要讲方法。

首先，老师要明白一个道理——并不是孩子出现了任何问题，家长都需要负责。毕竟，绝大多数的家长都不是教育孩子的专业人士，他们管教孩子时往往只能参照传统的方法。孩子在学校犯了错，大多数家长都会内疚，如果老师再对这些专程赶到学校的家长大加数落，就会让家长觉得老师是在找碴儿，是在借机批评他们在家庭教育中做得不好，继而形成抵触心理。这时，老师应当讲究策略，尽可能将家长的情绪朝着友善沟通的方向引导，并为自己树立起一种帮助者的形象，以便于和家长继续沟通。

即便有足够的证据证明，家长确实做得不好，老师也不要大加指责。直接居高临下地指出家长的缺陷，只会搞僵老师与家长之间的关系，让接下来的教育工作更难开展。老师要做的应当是想方设法与家长达成一致，转变他们心中的负面情绪，让他们愿意使用科学的方法帮助孩子解决问题。只有这样，对孩子进行的教育工作才能真正见效。

　　冰冻三尺绝非一日之寒，孩子变坏也绝不是一朝一夕的事情。教育孩子期间，到底什么方面没有做好，家长其实大都心中有数，所以老师不用刻意提及，以免让家长难堪。跟家长说话时，不要用教条的话语与命令的口吻，尽可能多用建议性的表达方式，比如"可能""大概"或"你可以先试试看"等。即便家长犯了显而易见的错误，也不要不分青红皂白地指出来，更不要随意分析指责，免得给家长留下咄咄逼人的印象。当然，在现实中，并不是每个老师都能做到这种程度，要做到也不是一两天的事情。它更像是优秀老师的一种职业修养，需要慢慢培育。巧的是，富兰克林曾在自传中表达过类似的观点。他在自传中写道：

　　"一位公谊会教派（Society of Friends）（译者注——基督教新教教派之一，17世纪成立于英国，主张人与人之间应当像兄弟、朋友一样友好相处，崇尚和平与宗教自由，也叫"贵格会""教徒派"或"朋友会"）的朋友曾好心提醒我，很多人都认为我太过于自大，这种状况在交谈时表现得尤为明显。在争辩时，如果有人提出了反对意见，我甚至会表现得盛气凌人、飞扬跋扈。为了证明这一观点，他还列举了我的很多事例。这就是我下定决心改变自己的直接原因，希望它能尽早从我身上消失。当然，它只是我身上的诸多毛病之一。为此，我将广义的谦卑加入了我的道德清单中，并把它作为自律的要求。

　　"我不敢说我已经做到了真正意义上的谦卑，但我会尽最大努力去做。我会告诫自己，不要直接否定他人的观点，也不要急于肯定自己的观点。我所处的圈子中有许多古老的信条，我甚至会要求自己对它们全盘接受，比如，不使用'肯定''当然''我同意'或'毫无疑问'等绝对性的词语，而要用'我认为''我的理解是''我觉得事情也许是这样的'或'目前看来'等话语来代替。所以，如果发现一个人的观点有误，我不会直接反驳并将错误指出，而是告诉他'在某些情况下，这种看法确实有合理之处，但我觉得，目前的状况可能有些特殊'，等等。这么做的好处立竿见影，我发现我渐渐能与别人愉快地交流了。这种谦卑的方式能让别人更容易接受我提出的观点，与我针锋相对的人也明显少了；即便我的观点确实错了，我也不会感到难堪；如果观点恰好正确，我也更容易说服别人投我的票。

"最开始的那段时间，我必须时常压抑自己的性格才能做到与人相处时保持谦卑；时间长了之后，保持谦卑慢慢也就成了一种习惯。或许，这就是我50年来没跟别人说过一句'教条话'的原因。我曾提议，要建立新制度或者改革旧制度，这一提议引起了极大的反响。后来我担任议员时，也给议会带来了不小的影响。我认为，除了我本身的真诚与正直，这一切还要归功于我养成的谦卑习惯。我其实不懂什么演讲技巧，也没有雄辩的口才，表达经常不到位，有时甚至不知说什么才好，但这都不妨碍别人认同我的观点。

"再没有比骄傲更难克服的情绪了。骄傲的影子在历史长河中随处可见，多少人试图将它掩盖、与它抗争，只想打败它、阻止它、克制它，但就是无法消除它，稍不留神就会表现出来。有时我们自以为彻底克服了骄傲的情绪，但很快又会为当下的谦卑骄傲不已。"

当然，富兰克林的话未必适用于一切场合，能适应一切场合的准则也不可能在世上存在。一种规则超出了它的约束范围之后，自然就会失效。我们也无权要求每个人都像富兰克林那样去做，因为某些情况下，不使用激烈的言辞，的确达不到效果。

现在，我们回到老师与家长沟通的问题上来。如果老师发现家长已然因孩子出现的问题心生愧疚、心急如焚，而且一旦家长不予配合，孩子的教育问题将不会有任何进展，他们自然而然就能明白，采取富兰克林的方法究竟有多么重要。富兰克林前面的那些话足以说明，盛气凌人、与人针锋相对的做法终将使人一事无成。

因此，这个时候根本没有必要证明谁对谁错、谁好谁坏，找到行之有效的方法来帮助孩子走出困境才是关键。当然，这个过程中依旧会遇到很多困难。家长很可能听不进别人给出的任何建议，并且表现出吃惊、愤怒、不耐烦，甚至是敌视的态度，认为这种让人不快的局面都是老师一手造成的。我们可以理解，家长其实注意到了孩子的问题，但对此往往睁一只眼闭一只眼；而当这些问题被老师抓住，需要正面回应的时候，家长自然会感到不舒服。也基于这方面的原因，老师更不应该火急火燎地向家长控诉孩子的毛病，因为家长很可能不买老师的账；脾气不好的家长这个时候甚至还可能迁怒老师，让沟通彻底陷入僵局。所以，最好的处理方式应当是让家长明白，如果没有他们的通力配合，老师对孩子的教育很难奏效。这样一来，家长与老师之间的矛盾就会缓和得多。

当然，老师还要记住一点，家长很难跳出既有观念的约束，因此必须给他们留出足够的时间适应新的教育理念。一个长期使用严厉的话语表达对孩子失望之情的父亲，突然要求他和颜悦色地跟孩子说话，这就是不可能的事情。即便这位父亲彻底改变了，他的孩子也未必会立刻相信，除非过了很长时间，父亲还一直这么做，否则孩子就会认为，这不过是父亲在装样子。

高级知识分子也可能犯同样的错误。有一位中学校长就将儿子逼到了崩溃的边缘。后来通过与我们交谈，这位校长似乎意识到了自己的错误，可在回家之后，他还是忍不住对孩子刻薄地训斥了一番。但由于孩子太过于懒散，对这番训斥无动于衷，让这位校长感到极不耐烦，于是再度大发雷霆。很多父亲都这样，只要认为孩子做得不好，就会冲孩子乱发脾气、破口大骂。一个自恃是教育者的校长尚且如此，更何况是受"不打不成器"这类教条熏陶长大的普通家长呢？这也就是我们一再强调，和家长交流时，老师务必讲求方法、注意措辞的原因。

实际上，绝大多数生活在底层社会家庭中的孩子，都是在"不打不成器"的理念中成长起来的。这就意味着，我们在学校教育过这些孩子之后，他们回到家里还会被家长的皮鞭再教育一次。每当想到为教育付出的巨大努力可能因为家长的惩罚而前功尽弃，我们就会悲哀不已。

在这种情况下，孩子犯下一个错误往往会被惩罚两遍。而我们认为，第二遍惩罚不仅没有实际意义，还可能带来严重的后果。孩子如果考得不好，老师往往会让他们把糟糕的成绩单带回家给父母签字。这时的孩子其实很矛盾，他们既不想把成绩单带回家被父母教训，但又不能不按老师的要求去做。于是，别无选择的他们很可能在成绩单上伪造家长的签名。不要觉得这都是些无关紧要的小事，它其实反映了一种教育孩子的思路：处理孩子的教育问题，必须结合他们的实际处境。如果我们固执己见会怎样？孩子会因此产生什么反应？这种做法是否一定对孩子有益？孩子能否承受这些压力？孩子能不能自主学习？像这些问题都应当纳入我们的考虑范畴。

在面临困难的考验时，孩子和成人的反应存在显著差异。因此在教育孩子时，我们应当比教育成人更认真、更谨慎；一旦决定帮助他们重塑生活模式，我们更要冷静、客观、周全地考虑由此可能带来的影响。只有对孩子的教育与再教育做出深刻而理性的判断，我们才可能对教育的效果有所把控。实践和勇气是老师必备的两种基本素质，要相信无论出现什么情况，都能找到合适的方法解决孩子存在的问题。教育孩子宜早不宜迟，审视孩子的缺点，也应当把它放在孩子的整体人格中通盘考虑。只有这样，才能让孩子真正改掉缺点。

  时代在发展，儿童教育的理念与方法也在持续进步。科学发展的逐步深入，也在加速陈旧教育理念与习俗的淘汰。新涌现的知识与方法，让老师能更好地理解孩子面临的问题，为帮助孩子解决问题赋予了更为强大的力量，老师担负的教育责任也随之变得更重。

  最后重申一次，一定要从整体人格上看待每个孩子的具体行为，只有这样才能真正理解行为背后的本质；否则，一切研究都将变得毫无意义。

附录一　个体心理学问卷

该问卷由国际个体心理学会拟定，主要用于理解、诊断孩子的心理问题。使用前我们建议，千万不要将下面这些问题依照现有的顺序逐个提问，或者像流程表那样逐条逐项地落实。最好的方式是将它们融入聊天之中，轻松自然、合情合理地提出问题，然后完成信息的采集。

第1组问题

◎你们是从什么时候开始抱怨孩子身上的问题的？

◎第一次注意到孩子身上的问题时，孩子有怎样的表现？（心理或其他方面均可）

这组问题旨在引起大家注意，像改变环境、初次入学、家中有新生儿诞生、有兄弟姐妹、在学校过得不如意、更换老师或转学、认识新朋友、孩子患病、父母离异或再婚、父母死亡等情形都很重要，不容忽视。

第2组问题

◎孩子很小的时候，有没有表现出诸如胆小、马虎、拘谨、愚笨、嫉妒、羡慕之类的心理问题或生理问题？

◎孩子吃饭、穿衣、洗澡或睡觉时是否依赖别人的照顾？

◎孩子是否害怕独处，或者怕黑？

◎孩子是否了解自己的性别角色？对这一角色的理解是否深入？

◎孩子对第一性征、第二性征、第三性征等知识是否了解？

◎孩子是如何看待异性的？

◎孩子是继子、私生子、养子或孤儿吗？

◎孩子是否在正常的阶段学会了说话、走路？期间有没有遇到什么困难？

◎孩子出牙期的表现正常吗？

◎孩子在学习、阅读、绘画、唱歌、游泳方面有没有显著的障碍？

◎孩子最依恋的人是谁，父亲、母亲、祖父母，还是保姆？

这组问题旨在确定孩子自卑感的根源在哪儿，是否对环境怀有敌意，是否有逃避困难的倾向，是否过于以自我为中心等。

第3组问题

◎孩子是否经常闯祸？

◎孩子最害怕什么？最害怕的人是谁？

◎孩子是否容易在夜间哭闹？

◎孩子是否经常尿床？

◎孩子是否经常支配别的孩子？这些孩子通常比他弱小还是比他强大？

◎孩子是否习惯与父母同睡一张床？是否对这件事表现出强烈的欲望？

◎孩子看上去是否显得很笨拙？

◎孩子是否有过佝偻病史？

◎孩子的智力水平如何？

◎孩子是否经常被人欺负？

◎孩子是否会在发型、衣服、鞋子等方面特别讲究，并且有爱慕虚荣的表现？

◎孩子是否有啃指甲或挖鼻孔的习惯？

◎孩子是否很贪吃？

这组问题旨在确定孩子是否有足够的勇气去追求优越感，同时考察孩子在这个过程中是否遇到了强大的阻力。掌握这些情况将有助于后期教育工作的开展。

第4组问题

◎孩子是否能够轻松地交到朋友？

◎孩子是否对他人或动物表现出宽容之心？如果没有，是否做出过骚扰、虐待他人或动物的行为？

◎孩子是否有收集或储存东西的爱好？

◎孩子是否贪婪或者吝啬？

◎孩子是否表现出领导或指挥他人的倾向？

◎孩子是否有自我孤立的倾向？

这组问题主要涉及孩子"与人交往"的能力，也能在一定程度上反映孩子内心的自信程度。

第5组问题

◎根据以上给出的答案,您会给孩子怎样的评价?

◎孩子喜欢上学吗?如果不喜欢,是否会对上学感到紧张?

◎孩子在学校的表现如何?能否准时到校?

◎孩子上学时是否显得非常慌乱?

◎孩子是否经常遗失课本、书包或练习册?

◎孩子在做练习或参加考试时是否会紧张?

◎孩子能否按时完成作业?如果不能,主要是因为忘记做作业,还是拒绝做作业?

◎孩子是否会故意浪费时间?

◎孩子平时是否懒惰?

◎孩子上课时注意力能否集中?如果不能,是否会扰乱课堂秩序?

◎孩子对他的老师持怎样的态度,是喜欢、不喜欢,还是无所谓?

◎在学习上,孩子更倾向主动邀请别人帮他辅导功课,还是被动等待别人来帮忙?

◎孩子是否有意愿,将体操或其他体育运动当成今后的事业来对待?

◎孩子如何评价自己的天赋?是否会消极地认为自己天赋较低或者根本没有天赋?

◎孩子的阅读面是否广泛?最喜欢哪种类型的文学作品?

这组问题旨在帮助我们理解并确定，孩子究竟为适应学校生活做了多少准备，在面对学校这个陌生的环境时会有怎样的表现，以及面临困难考验时会表现出来的态度。

第6组问题

◎请简要并客观地介绍一下家庭环境的相关信息，包括家人的疾病史，比如是否身体虚弱，是否患有精神类疾病、梅毒、癫痫等，是否有酗酒等不良习惯，是否有犯罪倾向，大致的生活标准，等等。

◎家中是否有人去世？

◎家人去世时，孩子多大了？

◎孩子是否因家人去世而成了孤儿？

◎谁是家中的精神支柱，或者谁在家中占主导地位？

◎您对孩子的家庭教育是否严格？

◎您如何评价自己对孩子的教育？是否存在经常抱怨孩子的不足、挑孩子的毛病、对孩子百般纵容等方面的问题？

◎您的家庭中是否存在一些消极因素，让孩子对生活感到恐惧？

◎您对孩子的监管情况如何？

这组问题旨在明确孩子在家中所处的地位，以及他们对此表现出来的态度。由此，我们可以就孩子对家庭留下的印象进行预判。

第 7 组问题

◎孩子是独生子女吗？如果不是，是长子或长女吗？是最小的孩子吗？

◎孩子是家中唯一的男孩或女孩吗？

◎孩子在家中是否存在竞争的情况？

◎家中是否有爱哭闹的孩子？

◎家中是否有人会恶意嘲笑孩子？

◎孩子是否有贬低别人的倾向？这种倾向是否强烈？

一般而言，孩子的出生顺序决定了他们在家中的位置，弄清这一点很重要，它将帮助我们真正了解孩子的性格，以及他们在对待别人时可能表现出来的态度。

第 8 组问题

◎孩子是否形成了职业方面的观念？

◎家庭中的其他成员分别从事什么职业？

◎孩子是怎样看待婚姻的？

◎您如何评价您和爱人的婚姻生活？您若不是孩子的父母，请简要介绍孩子父母的婚姻状况。

这组问题旨在通过了解孩子的相关表现，预判他们是否对未来的生活充满勇气和信心。

第 9 组问题

◎孩子最喜欢的游戏是什么？故事呢？历史人物呢？小说呢？

◎孩子是否会故意破坏其他孩子的游戏？

◎孩子的想象力是否丰富？

◎孩子是否头脑冷静、善于思考？

◎孩子是否经常做白日梦？如果是，是否经常沉溺其中？

这组问题旨在判断孩子可能在生活中扮演什么类型的英雄角色。如果上述状况都没有，则说明孩子可能存在勇气不足的问题。

第10组问题

◎孩子至今仍保留着哪些早期的记忆？

◎孩子是否经常做梦？如果是，他们对梦境的印象是否深刻？是否周期性地做同样类型的梦？比如，飞翔、坠落、乏力、赶不上火车，等等。

◎孩子是否为梦境感到焦虑？

我们注意到，梦境往往能反映孩子的一些心理特质、情况或倾向，比如，内心孤独、被人警告、野心勃勃、喜欢某人、热爱田园生活，等等。这组问题旨在体现这些方面的信息。

第11组问题

◎孩子在哪些方面表现得信心不足？

◎孩子是否有被他人忽视的感觉？

◎面对他人给予的关注与表扬，孩子是否能积极面对？

◎孩子是否相信迷信？

◎孩子是否会故意逃避困难？

◎孩子是否有浅尝辄止的习惯？

◎孩子对未来是否感到迷茫？

◎孩子是否相信遗传造成的不良影响？

◎孩子会因为身边发生的消极事情灰心丧气吗？

◎孩子是否对人生持悲观态度？

这组问题旨在判定孩子是否已经失去了自信，是否误入了人生的歧途。

第12组问题

◎孩子是否爱耍小聪明？

◎孩子是否有扮鬼脸、装傻、任性、故意出洋相等不良的习惯？

在这些方面表现较明显的孩子，多半是为了引起别人的关注。这组问题旨在体现这些方面的信息。

第13组问题

◎孩子是否存在语言方面的障碍？

◎孩子的相貌如何？是否算得上仪表堂堂？

◎孩子是否有畸形足？

◎孩子是否有八字脚或罗圈腿的症状？

◎孩子的身高如何？

◎孩子的身体比例协调吗？如果不是，主要是过于肥胖、过于瘦弱、过于高挑还是过于矮小？

◎孩子的眼睛、耳朵是否患有先天性的疾病？

◎孩子的心智水平如何？

◎孩子平时惯用左手吗？

◎孩子晚上睡觉是否打呼噜？

这组问题主要涉及孩子身体上一些先天性的劣势，不少孩子很容易过分夸大这些劣势的负面效果，继而让整个人变得消极、颓废。一些外貌占优势的孩子，也可能会在成长的道路上出现问题。他们同样过分夸大了外貌能带来的影响，认为凭借着容貌的优势，即便不用特别努力，生活也可以美满富足。这两类孩子都很容易与那些能让生活变得更好的宝贵机会失之交臂。

第 14 组问题

◎孩子是否经常认为自己能力不足，缺乏学习、工作、生活方面的天赋？

◎孩子是否动过自杀的念头？

◎孩子的失败经历与闯的祸之间，是否存在时间上的联系？

◎孩子是否对表面上的成绩特别在意？

◎服从他人的意见，认同自己的意见，听不进别人的意见，以上三种描述，哪一种更符合您孩子的真实情况？

这组问题旨在体现孩子的关注点。如果孩子出现了上述问题，说明他们已经开始变得灰心丧气；特别是当孩子付出巨大但收效甚微时，这种消极的状态会变得最为强烈。会出现失败，可能是因为孩子付出的努力确实无效，也可能是因为他们对接触的人了解不深。但是不管怎样，他们心中对优越感的渴求并没有被满足，所以才会把关注点转移到那些容易达成的目标上。

第 15 组问题

◎请介绍一下孩子取得成功的一些经历。

由这个问题，我们可以得知大量有关孩子取得成功的表现，其中往往蕴含着大量的有用信息。这些表现会反映出孩子的某些兴趣、倾向和正在着手准备的工作，它们可能会共同指向某个方向，而孩子当前的表现很可能会指向另一个方向。这两个方向甚至可能刚好相反，也就是说，家长会渐渐地发现，孩子的表现并没有想象中"那么好"。

通过回答上述 15 组问题，我们基本上可以准确地掌握一个孩子的个性及目前的状态。整个过程中，我们都没有对孩子的行为进行评判；但同时也会发现，即便孩子真的有问题，我们也会对他们犯下的错误予以理解。至于通过问卷暴露出来的问题，我们应当耐心、友好地跟孩子解释，而不是居高临下地谩骂与指责。

附录二 五个孩子的案例与点评

案例一

这个案例是一个 15 岁独生子的故事。

这个男孩的父母都在辛勤地工作，一家人的日子也过得比较小康。父母对男孩的照顾很周全，他也因此获得了一个健康快乐的童年。男孩的母亲心地善良，同时又有些多愁善感，一提到孩子的情况，她就很容易落泪，我们的聊天往往也因此而中断。我们对孩子的父亲了解得并不多，只能从母亲的话中得知，他诚实自信、充满活力、非常顾家。

孩子小时候如果不听话，父亲就会说："不改掉这些毛病，只怕他以后会变本加厉。"不过，这位父亲并没有通过谆谆教诲的方式来改变孩子身上的毛病，而是只要孩子犯了错，他就会用皮鞭狠狠地抽打孩子。于是，这个孩子很小的时候就表现出了非常强烈的反抗意识，并且变得不服管，除非父亲真的拿起了皮鞭，否则他根本不会听话。同时，和很多被宠坏了的独生子类似，这个男孩也表现出了想要掌控整个家庭的欲望。

我们有必要就撒谎这种在孩子身上普遍存在的行为进行分析。因为他父亲经常打他，所以他学会了用撒谎的方式来避免挨打，这也是最让他母亲头疼的一点。这个男孩现在 15 岁了，可父母居然无法判定他是否在撒谎。

撒谎这个问题是怎么形成的呢？原来，这个男孩曾经在教会学校念过书，那所学校的老师经常抱怨他不听话，而且还影响课堂秩序。比如，老师在问别的孩子问题时，他往往会大声地抢答；上课时，他有时会突然打断老师的话然后提问；课堂当中，他不但和同学讲话，而且还说得很大声；他惯用左手，写字却不认真，交上来的作业字迹潦草，难以辨认。随着时间的推移，男孩的这些举动变得越来越过分。为了掩盖这些不良行为，免得挨父亲的打，他学会了撒谎。起初，父亲还满怀希望，认为孩子能在学校完成学业；后来，老师已经到了忍无可忍的地步，只能将他劝退。

这个男孩其实很活泼，智力发育也没有问题。参加完中学的入学考试之后，他拍着胸脯对一直在场外等候的母亲说没问题。他的表态让全家人都很开心，而且还到乡村度过了一个愉快的暑假。开学之后，男孩每天都会背着书包去上学，中午放学的时候会回家吃午饭；等下午再回来时，男孩会把今天在中学里的见闻讲给父母听。

一天中午，他吃过饭去上学，由于刚好出门顺路，母亲便陪着他走了一段。路上，他们遇到了一个人，这个人看着男孩说："咦，你不就是上午带我去车站的那个孩子吗？"听到这番话，母亲觉得很奇怪，便问孩子那个人为什么这么说，并追问他是不是上午逃学了。孩子告诉母亲，学校今天上午10点就没课了，那个人是在他回家的路上碰到的。当他得知那个人不知道怎么去车站时,就直接带那个人走到了车站。

对于孩子的解释,母亲充满了怀疑,于是将这件事情跟丈夫说了一遍。了解了情况后,父亲决定第二天亲自送他去上学。路上,在父亲的一再逼问下,男孩向他道出了实情。原来,他没有考上中学,至于这段时间每天早出晚归地"上学",都不过是在马路上游荡罢了。

为了让他完成学业,父母把老师请到了家中给他辅导,最终总算是让他升入了中学。但他身上的那些问题依旧存在。除了一如既往地破坏课堂秩序,他还染上了小偷小摸的恶习。即便偷了母亲的钱,只要不是家人威胁他不说实话就让警察来处理,他可以一直死不认账。渐渐地,他的成长历程,就变成了一部因为家长忽视对孩子的教育而酿成的悲剧。这位父亲过去对孩子寄予厚望,认为他意志坚强,如今则对他失望透顶。不只是父亲,全家人都不想再管这个孩子,甚至不想见到他,任他自生自灭。

我们咨询过孩子的母亲,让她回忆孩子是什么时候开始出问题的。母亲回答得很干脆:"生下来就有了。"母亲会给出这样的答案,很大程度上是因为她试过了无数方案,但就是没把这个孩子教好,于是就此推断,孩子的这些问题都是天生的。

我们还了解到,这个男孩在婴儿时期就表现得很不安分,爱哭爱闹。对此,医生给出的意见都是"没问题,孩子很健康"。一般来讲,婴儿确实相对爱哭爱闹,这没什么问题,但能导致孩子哭闹的因素有很多,所以要分析孩子总是哭闹的原因就没那么简单了。

案例中的男孩是家中的独生子。我们认为,这个孩子常常哭闹,和他的母亲缺乏相应的养育经验有关。比如,孩子尿湿了之后,母亲根本没有意识到,反而误以为孩子饿了,于是便把孩子抱起来,给他喂东西吃。正确的做法应该是立即给孩子换尿布,让孩子不再难受,其他的事情都不用做。这样,孩子就不会哭了,也不会因为持续哭闹给今后的成长造成影响。

根据母亲的反馈,孩子学会说话、走路都很轻松,基本不存在什么障碍,牙齿也长得很好。尽管经常会把玩具弄坏,但这并不意味着孩子今后的性格一定就很差。不过,母亲的另一番话却引起了我们的注意。她告诉我们:"他玩耍的时候必须有人陪,我们离开哪怕一小会儿都不行。"

怎样才能让孩子养成独自玩耍的习惯呢?唯一的办法就是强行让孩子一个人玩,减少他对大人的依赖性。这样,孩子慢慢就能独自玩耍了。我们猜测,这位母亲根本就没舍得给孩子做这方面的尝试。她的一些话似乎也证明了我们的猜测,比如,她为孩子准备好了一切,孩子特别黏她,等等。这些都是孩子渴望获得母爱的外在表现,也是很早就留在他心中的一种深刻印象。

"我们从没给过孩子独处的机会。"(译者注——引号中的内容为参与问卷调查者的回答,阿德勒根据这些内容,以及掌握的其他情况再进行分析与评价。整个附录二中的五个案例主要都以

这种形式展开，期间还穿插有阿德勒的少量点评）

他母亲的这番话，显然是在为自己进行辩护。

"他没有独处的经历，直到今天也没法一个人待着，更不用说夜里了。"

这句话也表明孩子对她极为依赖。

"他似乎什么都不怕，也不知道什么是害怕。"

这似乎和心理学常识相违背，也与我们观察到的情况不符。我们在深入考察后得知，因为他没有独处的经历，所以不会感到害怕。事实上，独处很容易让这种孩子产生害怕的情绪，一旦害怕，就会想方设法迫使别人和他待在一起，因此他不会愿意独处。

"他特别怕爸爸用皮鞭抽他，但打完之后很快就忘了。即便有时打得很重，他也能在很短的时间内变回得意忘形的样子。"

这句话就和前面的描述——他似乎什么都不怕相矛盾。由此，我们注意到了一种不幸的对比：母亲对孩子百般迁就，而父亲则格外严厉，似乎想以此来平衡母亲对孩子表现出来的过分软弱。然而，这种平衡实际上在把孩子推向母亲。也就是说，孩子会与迁就、纵容他的那个人走得更近。这样一来，即便不努力，他也能有所收获。

"他6岁时就去教会学校读书了，被学校的教士监管着。这时已经有人抱怨他在学校的不良表现了，比如，调皮捣蛋、不守规矩、注意力差，等等，其中以调皮捣蛋、不守规矩最为典型。

至于学习方面，大家倒是没怎么提及。"

他这么做，其实是为了求得关注。难道还有比调皮捣蛋更引人注目的好办法吗？他已经习惯了母亲给予的那种无微不至的关注，在学校这个复杂的环境中，他也希望自己能被别人关注。不过，老师难以理解他这么做的真正意图，因此经常使用批评、惩罚的方式来教育他。这些惩罚是他调皮捣蛋的代价，老师希望借此让他"改邪归正"，成为一个"好孩子"。不过，他在家里早已习惯了父亲的严厉惩罚，这种惩罚对他尚且没什么效果，老师那象征性的惩罚就更不用说了。所以，他怎么可能会变成一个好孩子呢？只要在学校里被别人关注的心理没有得到满足，他就会持续通过其他的方式获得补偿。

"为了不让他影响班上的其他同学，我们一再叮嘱他，上课必须保持安静。"

一听到这种陈词滥调，我们就在琢磨这对父母是否具备相关的常识。这个年纪的孩子，在问题的是非判断上其实已经和成人差不多了。他并非没有是非观念，只是想得到别人的关注而已。在课堂上保持安静无法达到他的目的，对他来说，依靠努力学习获得关注又非常困难。知道他的目的是引起别人的关注之后，这些不良表现就都能说得通了。父亲的严厉鞭打确实能让他暂时安静下来，但只要父亲离开，他就会重新变得我行我素。因为严厉的鞭打和惩罚只能暂时阻止他对这一目标的追求，所以见效的时间绝对不会很长。

"他控制不住自己的情绪。"

能安静地待在沙发上的孩子很难发脾气，而案例中这种渴望被别人关注的孩子就很容易发脾气。我们知道，要快速达到某种目的，发脾气确实是一种行之有效的方法。所以，渴望被别人关注的孩子确实更容易发脾气。

"他常常把家里的东西拿到学校变卖，然后用换得的钱和他的朋友一起消费、娱乐。我们发现之后，只要他出门我们就会搜他的身，多亏了他爸爸的严厉惩罚，他后来再也没做过这种事。但很快，他又开始在学校恶作剧，并且总是扰乱课堂秩序。"

他不再变卖家里的东西或许是出于无奈，至于他热衷恶作剧的原因，很可能也与渴望被关注的心理有关，因为这种违反纪律的事情会被老师惩罚，从而引来别人的目光，渴望被关注的心理也会因此而满足。

"这种恶劣行为虽然渐渐少了，但总会不定期发作。学校没办法，只能把他开除。"

这些表现证实了我们前面提出的观点——他其实希望被别人认可，也知道这个过程非常艰难。更何况，他还是一个惯用左手的人，面临的困难本身就要比惯用右手的人多。这一切的困难他都无法逃避，更没有足够的勇气和信心去克服。然而信心越是不足，他就越想证明自己值得被别人关注。所以他才会一而再、再而三地恶作剧，直到学校将他开除。

将他开除这件事，如果单从保障其他孩子的学习效果来看，它具有一定的合理性；但教育的真正目的是纠正孩子的错误，从这个角度看，学校的做法就有失妥当了。不过，被学校开除或许正中他的下怀：一方面，他可以不用再去讨厌的学校读书；另一方面，他每天将有更多的时间享受母亲的百般关注。

"有老师建议我们把他送到儿童矫治之家，但好像也没什么效果。"

儿童矫治之家的管理的确比普通学校严格得多，但不管送到哪里，他的父母都还是最主要的监护人，影响他的最大因素并没有发生改变。

"每周日都能回家一趟，他对此感到很高兴；但有时候儿童矫治之家不让他回来，他好像也不怎么难过。"

这很好理解，他想在人们面前塑造勇敢者的形象，也希望别人认可他的勇敢。因此他不怕挨打，再难堪的局面也能撑住，他不想让自己辛苦树立起来的男子汉形象被眼泪破坏了。

"在家庭教师的帮助下，他的学习成绩不算太差。"

他的老师也指出，只要他愿意静下心来好好学习，提高成绩没有任何问题。我们认同老师的这个观点，只要先天智力发育正常，每个孩子都能取得好成绩。他做不到，说明独立性不够强，还无法自主学习。

"他没什么画画的天分。"

这一点很重要，说明惯用左手的他，还不能灵活自如地使用右手。

"他在体操运动方面表现突出,游泳也很快就学会了,一点儿都不害怕。"

这说明他的心中还是有挑战自我的勇气的,只是把它用在了不那么重要的事情上而已,因为在他眼里,做这些事情更容易获得成功。

"他不知道什么是害羞,会把心中的想法告诉任何人,不管这个人是学校的门卫,还是校长。虽然他曾因为这种冒失的行为被多次警告,但仍无济于事,而且对别人向他提出的禁令他也从来不当一回事。"

不知害羞的人不见得很勇敢。绝大多数孩子都能意识到,在与老师、学校领导相处时应当心存敬畏。这个孩子连严厉的父亲都不怕,自然也不会怕校长。那些冒失的行为、粗鲁的话语,不过是他求得关注的惯用手段,意在向他人表明自己的价值。

"他对自己的男性角色没有多少认识,但他也明确地说过,自己不想成为一个女孩。"

这无法说明他对自己的性别持怎样的态度,他的父母至今也没有跟他解释过任何两性方面的问题。而且像他这种心态不良的男孩往往有轻视女性的倾向,这种轻视会让他获得一种生为男性的优越感。

"他没有真正的朋友。"

这不奇怪,别的孩子未必愿意一直受他控制。

"他的控制欲很强。"

为了更深入地了解这个孩子，我们花了很多精力去掌握他的情况。他很清楚自己是一个怎样的人，也就是说，他知道自己想要什么。我们也确信，他并不知道自己在无意识中设定的这个目标，和表现出来的行为之间存在什么联系，也不清楚导致自己产生强烈控制欲的根源在哪里。他目睹了父亲掌控家庭的方式，因此他也希望能够像父亲那样掌控别人。但他又无法像父亲那样独立自主，而且由于能力不够，很多事情都要依赖别人，因此他越想掌控局面，就越要表现得软弱。可以说，正是这份软弱与胆小，成了滋长他强大控制欲的温床。

"他经常惹麻烦，哪怕对手比他强也一样。"

其实，真正强大的人反而好应付，因为他们清楚自己的责任，做事很有分寸。这个孩子则不一样，行事鲁莽、自私自利。顺便提一句，这种行为难以矫治，有这些表现的人也大都缺乏自信，认为自己什么都学不会，所以鲁莽的举动就成了掩饰他们不自信的最佳工具。

"他不仅不自私，还很慷慨。"

单看慷慨这一举动或许充满了善意，但放到这个孩子的整体人格中，就会发现它与他性格中其他方面的表现不太合拍。大家也都知道，有些人表现得慷慨，完全是为了凸显自己的优越感。所以，判断一个人是否真的慷慨，重点要看这么做是否与他对权力的渴望有关。这个孩子有可能将慷慨的举动等同于个人价值的提升，而这种炫耀自我的方式，很可能是与父亲相处时学会的。

"他一直都在制造麻烦。平时最怕爸爸,其次是妈妈。只要他愿意,他也可以很努力,也会进步。他不是一个爱慕虚荣的人。"

最后一句话只能说明他不在乎表面上的虚荣,但他心中的虚荣感其实很强。

"他改掉了挖鼻孔的坏习惯。他很固执,吃饭挑食,不吃蔬菜和肥肉。遇到愿意受他支配的孩子,也会和他们交朋友。他对动物和花草也非常喜欢。"

喜欢动物并不是什么坏事,这种行为能让人与地球上的万物和谐共生,但一个有着这种喜好的人,往往也渴望获得优越感与控制权。就案例中的这个孩子来说,他的表现反映出来的就是一种统治欲——想方设法让母亲围着他转。

"他的领导欲确实比较强。"

这可能与智力方面的领导能力没什么关系。

"他喜欢收集各种物品,但却缺乏耐心,不管收集什么,最后都没有坚持下去。"

很可惜,他做事情时也像这样有头无尾。因为做完一件事就意味着要为这件事的结果承担责任,而承担责任恰恰是他最害怕的事情。

"10岁之后,他的行为从总体上说还是有所改善。过去他总爱到外面玩耍,不愿乖乖地待在家里。经过一番努力之后,他终于克服了这个毛病。"

他渴望得到别人的肯定,把他约束在家庭这个小范围的空间里,其实是在抑制他的欲望,因此他才会在家里持续不断地制造麻烦。只要监护到位,让他去外面玩耍或许更好。

"他回家后的第一件事就是写作业,看上去也确实没有以前那么爱玩了,就是有点磨磨蹭蹭,像是在故意浪费时间。"

如果孩子被约束在家中的一个狭小空间里,身边还有人时时刻刻监督他的学习,这个孩子的注意力其实很难集中,做事磨蹭、故意浪费时间也是必然的结果。给孩子提供充足的活动空间很有必要,他也应该和其他孩子一同玩耍,并在这个群体中扮演一定的角色。

"他曾经很喜欢上学。"

这说明那个学校的老师对他管得不严,他很容易在那里树立勇敢者的形象。

"他以前总会把书弄丢。他也不那么害怕考试,并且认为自己可以把一切事情都做好。"

这种情况很普遍。如果一个人在任何情况下都很乐观,这反而说明他并不自信。这种人很可能是悲观主义者,整天沉浸在自己能超越一切的幻想中,常常做出一些让人匪夷所思的事情。他相信命运的安排,面对生活也总能表现出乐观的样子,所以即便他失败了,也不会感到多么沮丧。

"他的注意力不太集中。老师对他的态度也截然不同,有的很喜欢他,有的则很讨厌他。"

性情温和且能够接受他这种生活风格的老师比较容易喜欢

他，这种老师不会对他提出过高的要求。而他渴望得到关注的心理也相对容易被满足，因而很少给这些老师添麻烦。

和众多被宠坏了的孩子一样，他既没有集中注意力的意愿，也没有养成相应的习惯。6岁之前，母亲为他安排好了生活中的一切，对他的照顾可谓无微不至，在这般被宠爱的环境下，他会觉得自己集中注意力去做一件事情没有任何必要。由于从来就不知道该怎样面对困难、解决问题，因此一旦出现困难，他就会手足无措；他对与人交往没什么兴趣，所以很难与别人合作。他缺乏独立完成一项工作所必备的意愿与自信，却有一种轻而易举就能引人注目的欲望。对他来说，在学校惹麻烦是最容易引人注目的方式；不这么做，他也找不到别的渠道来满足内心的需求，所以这些不良行为才会越来越出格。

"他对一切事情都漫不经心，做事不努力，一味追求轻松，从不顾及他人的感受。这已经成了他生活的一种状态，这种状态在他偷东西和撒谎时表现得最为明显。"

他有很多不良的生活习惯。受母亲的影响，他的社会情感并没有得到充分发展，而他那温柔的母亲与严厉的父亲也没有为他指明未来的方向，这进一步阻止了他的社会情感发展。因此，他的社会情感始终没能从母亲为他构建的世界中走出来，一直沉浸在这种备受关注的环境之中。

我们注意到，这个孩子追求优越感主要是为了满足虚荣心，而不是有益于社会。要改变这一状况，就必须干预他的性格发展,让他重塑信心,并且这样才有助于让他接受我们的建议。此外,还要拓宽他的社交范围,这样才能弥补母亲的迁就给他造成的缺陷,同时让他与父亲和解。对他的教育要循序渐进,直到他能深刻地认识到自己生活中存在的问题。当他的关注点不再局限于自己时,他就会变得独立而自信,追求优越感时,也会有意识地转向有益于社会的方面。

案例二

这个案例的主人公是一个10岁的小男孩。

"学校总是向我们抱怨,你们的孩子学习成绩很差,落后同龄的孩子差不多三个学期。"

一个10岁孩子的成绩落后同龄人三个学期,我们不得不怀疑他是否有智力方面的问题。

"他现在读三年级,IQ(智商)是101。"

很显然,这个孩子并没有智力方面的问题。那他的学习成绩为什么会如此之差呢?他又是出于什么原因要扰乱课堂秩序呢?原来,他对优越感的渴求非常强烈,也愿意为此付诸行动。他的想法也没什么问题,比如希望自己成为一个有创造力的人,能积极主动地处理事情,能被他人关注,但他追求的方式并不正确,而且他努力的方向对社会也没什么帮助。所以我们眼里的他,是一个极力对抗学校的孩子,仿佛学校就是他的敌人一般。这样一来,就不难理解他的学习成绩为什么很差了。因为这种好斗的孩子,根本不可能忍受学校的日常生活。

"他不服从命令、不遵守纪律,也没想过要做好这些事。"

很显然,一个好斗的孩子肯定会这么做。而且他会这么做,说明内心已经形成了一套理论,并且总结出了一套方法。

"他总和其他的孩子打架。有时,他还会把玩具带到学校。"

这说明他想建立一个他喜欢的学校。

"他不擅长口算。"

根据我们在前文中的论述,他可能在社会意识以及与之相关的社会逻辑方面有所欠缺。

"他存在一定的语言缺陷,每个星期都要参加一次语言训练班。"

这种语言方面的欠缺其实不是天生的,从他的表现来看,我们更确信这是他在后天的训练中,缺乏社会合作精神导致的。语言其实是合作态度的体现,每个人必须通过它与别人建立联系。不过,这个男孩却将这种语言缺陷当成了引人注目的工具。我们不必为他拒绝配合治疗而诧异,因为这个缺陷一旦不存在,他也就失去了一个能成功引起他人关注的法宝。

"老师一让他讲话,他的身体就会不自主地开始晃动。"

这说明他对老师一直有抵触情绪。他对老师在课上讲话非常反感,因为这样一来,老师就是大家关注的焦点;老师说话时,他还必须认真听,他会下意识地认为,自己已经被不喜欢的老师给征服了。

"我确实觉得这个孩子有些神经兮兮。"

这个"神经兮兮"的背后，其实掩盖了孩子诸多不良的行为。需要补充一下，说话的人是孩子的继母，生母早在他刚出生不久就去世了。

"他是奶奶和外婆带大的。"

众所周知，祖母对孩子的溺爱可以达到让人出乎意料的程度。孩子由一位祖母抚养长大已经很糟糕了，何况是两位。不过，祖母抚养孩子这种行为背后的原因更值得我们深思。受现代文化的影响，年纪大的女人往往在社会中都没什么地位，所以她们会用行动反抗社会，希望自己能被合理对待。这其实无可厚非，但她们却采用了一种错误的方式，即以溺爱的方式让孩子喜欢自己，并由此证明自己依旧有存在的价值。

两位祖母同时教育一个孩子，其实很容易引起竞争，孩子无心的一句"奶奶给的"或者是"外婆给的"都能达到这种效果。这很好理解，因为她们都希望孩子更喜欢的人是自己。所以，为了给孩子留下"比对方好"的印象，另一位祖母就会更加溺爱孩子。这种竞争之下，孩子似乎成了最大的受益者，他即便什么都不做，日子也可以过得随心所欲，反正祖母会为他安排好一切。

毫无疑问，这种孩子在家中一定会被百般宠爱、加倍关注，而他们也会慢慢地掌握方法，以便能更好地引起家人的注意。可到了学校这种环境中，两位祖母都不见了，陪在他们身边的只有老师和众多同学。这些人都不会像祖母那样关注他们，所以他们只能以打架、违纪、反抗等不好的方式引起别人注意。

"他跟奶奶生活在一起时,成绩一直都很糟糕。"

一个孩子是否具备与他人合作的能力,看他在学校的表现就能知道。最适合培养孩子这种能力的人是母亲。由祖母抚养长大的孩子,这方面的能力势必会有所欠缺,加上训练不足,他往往难以适应学校的生活。

"我于一年半前和他爸爸结婚,我也因此担负起了照顾这个孩子的责任。"

这种有继母或继父介入的家庭环境,确实容易让孩子的成长出问题,或者说面临更多的问题。这一问题由来已久,造成的影响也一直困扰着人们,特别是孩子。即便继父或继母悉心照料,孩子也可能会出现各种问题。当然,这并不是说与继父继母有关的问题无法解决,而是想妥善解决这类问题,就得采用特殊的方法。首先,继父继母不该认为,孩子应当对自己的抚养心存感激。孩子并没有这个义务,所以继父继母应当通过行动去赢取孩子的认可。

"起初,我也想跟这个孩子和谐相处,想方设法获得他的认可,但是我失败了。对了,他还有一个哥哥,他哥哥也非常调皮捣蛋,经常惹是生非。我拿他们没办法。"

继母的加入已经让这个家庭的问题复杂化了,两位祖母的较量则让问题变得更加糟糕,再加上一个好斗的哥哥……不用想,也知道这两个孩子之间的争斗会非常可怕。

"他爸爸说什么,他就做什么,但我做不到这一点。所以经常被迫向他爸爸求助。"

这也说明，这位母亲拿他没办法，教育的重担自然只能落到父亲的身上。这位母亲只知道向孩子的父亲告状，并且经常用"我会告诉你爸爸"之类的话威胁孩子。时间一长，孩子慢慢就会明白，母亲根本管不住他，而且母亲的教育最后一定会不了了之，所以，孩子也就不会把母亲的教育当成一回事。而这位母亲的表现，其实也反映出了她内心的自卑情结。

"只要孩子听话，我就会带他去商店买东西。"

这位母亲也不容易。孩子认定了祖母对他最好，所以这位母亲在很长一段时间里都要忍受孩子对她的这种偏见。

"奶奶和外婆也没有经常来看他。"

别看她们不常来，但给孩子造成的影响却不小，她们每来一次，都会给孩子的母亲增添许多新的麻烦。

"全家人好像都不怎么喜欢他了。"

这里指的全家人，甚至包括了曾经对他格外疼爱的两位祖母。

"他爸爸经常用鞭子打他。"

鞭打其实没什么效果。孩子都喜欢被人表扬，表扬能让他获得愉悦感和满足感，但他往往不知道怎样才能被人表扬。这个孩子就特别希望即便自己不努力，也能被老师表扬。

"被人表扬之后，他做事就会更努力，效果也更好。"

每个渴望被关注的孩子都会有这种表现。

"因为他总是面带愁容，所以老师不喜欢他。"

对一个好斗的孩子来说，能面带愁容地直视一个不喜欢的人并且不起冲突，已经是他最大的让步了。

"他有尿床的毛病。"

尿床也是孩子渴望被关注的一种间接表现。为了引人注意，除了夜里尿床，孩子还可能采用哪些间接的方式呢？有很多，比如，半夜哭闹、晚上上床不睡觉、早上赖床、不健康饮食，等等。总之，无论白天晚上，孩子总有办法让人围着他转。这个案例中的孩子所惯用的伎俩，主要就是夜里尿床和说话不利索。

"幸亏我每天晚上多次将他叫醒，尿床的问题才慢慢得以解决。"

母亲夜里叫他起床，这其实就是一种关注，他也确实由此获得了被关注的感觉。

"因为爱支配别人，所以别的孩子都不怎么和他玩，但这种性格也让他成了一些弱小孩子模仿的对象。"

他内心脆弱，缺乏自信，不想而且不愿勇敢地直面生活。弱小的孩子会模仿他，是因为弱小的孩子也想通过这种方式获得关注。

"不过，并非所有人都讨厌他，当他的作业被老师评为全班最佳时，也会有人认为他确实进步了。"

他进步了，别的孩子会为他高兴，说明他的老师懂教育，知道怎样培养孩子的合作精神。

"他喜欢和其他孩子一块儿在马路上踢球。"

当他发现，自己能顺利支配一个人时，他就会和这个人搞好关系。

我们与这位母亲就孩子的教育问题进行了深入的讨论。我们告诉她,她、孩子、祖母其实都不容易。这个孩子总觉得自己比不过哥哥,嫉妒心因此变得很强。咨询期间,这个孩子也在场,但他自始至终一言不发,即便我们诊所的每个人都向他展现出了最大的善意,愿意和他成为朋友。如果开口说话了,就说明他愿意与我们合作,但是他没有,并且对我们表现出了一种敌意。这是他缺乏社会情感的表现,也正是如此,他才会始终不愿意矫治语言方面的缺陷。

有些成人对孩子出现这种情况的原因难以理解。其实,成人也经常用沉默进行对抗。有对夫妻正在激烈地争吵,结果妻子突然沉默了。丈夫见状便朝妻子吼道:"你看看,你看看,现在没话可说了吧!"妻子随即反驳道:"我不是没话可说,而是懒得说!"

案例中的男孩也一样,就是不想说话。我们的聊天结束之后,原本可以离开的他居然没有走。虽然一句话都没有说,但我们已经感受到了他流露出的巨大敌意。尽管我们再次告诉他讨论已经结束了,他也仍旧没有离开的意思。最后,我们让他下周跟着父亲一起过来,并且对他说:"你今天一句话都没有说,你做得很好,因为别人要你做什么,你就偏偏不做什么。别人要你说话,你就保持沉默;别人要你上课安静,你就故意大声喧哗,扰乱课堂秩序,因为你觉得这样做会让别人认为你很勇敢。如果我们刚才要求你别说话，你很可能也会滔滔不绝。所以，要想引导你做某件事情，我们只要跟你说反话就好了。"

很显然，这番话激起了他的表达欲，他似乎想对此进行解释，这就是我们想要的效果。借着这个机会，我们跟他解释了很多东西。渐渐地，他意识到自己在很多方面确实做错了，也愿意努力去改正。

另外，我们还要强调一点，如果孩子所处的环境跟过去一样，他们的这种改变将难以持续下去。父母、亲人、老师、伙伴对他的态度早已固化，他对这些人也是如此。可诊所就不一样了，这里对他来说非常陌生。我们也有意营造出这种感觉，好让他将过去形成的不良性格特征悉数暴露出来。这时，让他产生表达欲的最佳方式，就是告诉他"别说话"。他根本不会想到，我们这么说是为了故意套他的话，他自然也就不会刻意地对我们保持沉默了。

诊所这种完全陌生的环境，和这类孩子以往面对的狭小环境不同，他们在这里经常要面对许多听众，这些听众也可能对他们感兴趣。所以，这类孩子会觉得自己很容易就融入了这个大环境中，能再次来到诊所的孩子，甚至会希望能在这里表现一下自己。大部分孩子都很清楚，来到这里之后，我们会向他们提问，以便掌握更多的情况，他们也都不排斥。每个孩子的情况都不相同，为了帮助他们真正建立起在校读书的好习惯，有的孩子天天都要来，有的孩子一周来一次即可。在这里，他们可以将一切事情都开诚布公地拿出来讨论，而且还不用担心会被人批评、指责，所以他们自然不会对来到这里心生抗拒。

假如一对夫妇正在吵架，此时如果有人把窗户打开了，吵架就会立即停止，因为别人会听到他们在争吵。这是他们不希望看到的，毕竟没有人愿意暴露自己的隐私。很多人就像这对吵架的夫妇，不想将内在的问题暴露出来，宁可藏着掖着、苦苦忍受。如果他们能正视这些问题，也就迈过了心中最大的一道坎；同样的，如果孩子愿意放下心中的偏执，主动来我们这儿接受咨询，也算是迈出了通往转变的最关键一步。

案例三

这个案例的主人公是一个13岁半的长子。

"孩子11岁时，IQ有140。"

从智力测试的结果来看，这个孩子相当聪明。

"可到了中学的第二个学期之后，他的成绩就再也没有进步过。"

根据我们的经验，一个自认为很聪明的孩子，往往容易产生不劳而获的心理，最终反而难以取得进步。我们还注意到，这类孩子到了青春期之后，往往会认为自己已经比较成熟了，并且极力想证明这一点。这种欲望越强烈，他们在成长中面临的问题就会越多。屡次遭受挫折之后，他们的信心便会受到打击，继而认为自己没有想象中的那么聪明。

为了避免这种情况，我们建议：不要总表扬孩子"你很聪明",即便智力测验的得分真的很高,也不要将这个结果告诉他们。其实,这方面的结果家长最好也不要知道,因为他们也可能是让一个聪明的孩子最终走向失败的潜在因素。

对于尚不能正确认知自我的孩子来说,让他们知道自己的智商其实弊大于利。他们或许空有雄心壮志,却无法判断方法是否正确,很容易因此误入歧途,最终成为一个碌碌无为、甚至危害社会的人。而且即便陷入了这类糟糕的状态,他们也会编理由证明这么做是有道理的。

"他特别热爱科学这门功课。交往的孩子大都比他小。"

我们知道,他乐于和年纪更小的孩子交往,主要还是想在交往中掌握主动权。支配别的孩子也是一种优越感的体现。这方面的倾向越明显,我们就越能认定他确实想达到这种目的。当然,凡事总有例外,愿意与年纪更小的孩子交往,有时也是为了彰显"父性"(译者注——指男性所具有的一种当父亲的本能与天性,与女性的"母性"相对)。尽管出发点不同,但最终的影响却是相似的,即渴望彰显父性的男孩,会故意不与年纪比自己大的孩子交往。

"足球和垒球是他最喜欢的体育运动。"

我们可以认为,这两种运动他不仅喜欢,而且擅长。总说自己擅长做某件事的人,往往会对其他事情提不起兴趣。换言之,这种人一旦面对的是没有十足把握的事情,就很难表现得积极主动;如果成功的希望很渺茫,可能就会直接放弃。这种行为并不值得赞赏。

"他很喜欢打牌。"

这说明他有消磨时间的倾向。

"因为打牌，他经常无法按时睡觉，完不成作业也是常有的事。"

由这句话我们发现，父母抱怨孩子时都大同小异：时间浪费了不少，学习却没有进步。

"婴儿时期，他发育得非常缓慢，直到2岁以后，他的生长发育才稍微变快了一些。"

我们并不清楚他2岁之前发育缓慢的原因，当然不排除是家人的溺爱造成的。我们发现，在溺爱中成长的孩子，即便不说话、不行动，家人也能将他的生活安排妥当。这样做的直接影响就是孩子的身体机能根本没有得到应有的锻炼，发育自然就变得迟缓了。至于2岁之后的发育变得迅速，很可能因为在此期间，他的身体受到了一些外在刺激，智力发育也同时受到了影响，所以变成了一个聪明的孩子。

"他有两种特别典型的性格特征：诚实和固执。"

诚实是一种好的品行，是一大优点，但仅仅知道一个孩子诚实还远远不够。这种优良的品行，也可能成为他自我炫耀的资本，我们也不知道他会不会仰仗着这份诚实对别人大加指责。这个孩子的领导欲很强，有支配他人的倾向，他完全有可能借助诚实的表象来彰显自己的优越感。我们也无法确定，一旦所处的境遇没有现在这么好，他还能不能将这种诚实的品行保持下去。

至于他身上的固执，我们确实深有体会。从他的种种表现我们可以得知，他渴望我行我素，喜欢特立独行，不愿人云亦云。

"他经常欺负他的小弟弟。"

这句话反馈的情况与我们的判断一致。他渴望扮演领导者的角色，而弟弟并不配合，所以他就欺负弟弟。有这种表现的孩子往往不够诚实。如果你真正了解他，你会发现他极有可能是一个"大骗子"，依靠自吹自擂来满足内心的优越感，甚至可以说是一种优越情结。但是，透过这种情结我们又能发现，他的内心其实饱受自卑的煎熬。由于别人给予了过高的评价，当他遇到无法解决的困难时，便会因此受挫而怀疑自己的能力。也正是这种低估在促使他寻找其他途径获得补偿，自吹自擂就是他最终选择的方式。

所以，过度赞美孩子并不妥当，这会让孩子误以为别人对他寄予了厚望。一旦孩子发现自己距离这种期望太远而且难以达到，他就会表现出害怕与不自信；即便意识到自己的确有不足的地方，他也不会努力地弥补缺陷，而是尽力掩饰弱点。例如，案例中的男孩就选择用欺负他的小弟弟来掩饰。久而久之，这种逃避的行为就会变成他的生活风格。

在困难面前他不够自信，认为自己不够强大，也不相信自己能解决这些问题。所以，他渐渐迷上了打牌并沉溺其中，因为这个时候，别人不会在乎他的成绩好不好，他自然也不会有自卑的感觉。父母也将他成绩糟糕的原因归结于打牌，这样一来，他的优越情结和虚荣心都得到了保全。这种观点也在潜移默化地影响他，并让他渐渐相信："我确实喜欢打牌，而且正因为打牌，成绩才变得糟糕。这个毛病一旦改掉，我的成绩立刻就会变好。"他很喜欢这套说辞，并且坚信自己有变成好孩子的潜质。除非他能意识到内心的这种逻辑，否则他就会继续用宽慰的话欺骗自己，将内心的自卑感完全隐藏起来，不仅让别人看不到，连他自己也看不到。只要这种做法继续维持下去，他就没有改变的可能，甚至连一丁点儿进步都没有。

所以，我们必须借助一种他能够接受的方式，帮助他理解这种性格方面的问题。我们还要告诉他，在别人眼里，他其实是一个不自信的人；他会觉得自己很强大，是因为有选择地忽视了身上的弱点和自卑感，完全是在自欺欺人。如果真想帮他改变这种状况，就不要总是夸奖他或表扬他的智商很高，免得让他对自己怀有过高的期望，由此给他造成压力，并认为成功离他很远。我们要做的，就是友善地鼓励他，让他变得自信。

我们也知道，智商在孩子今后的生活中并没有那么重要，所有实验心理学家也一致认为，智商反映的不过是孩子在测试时的智力状况，一次测试的结果也说明不了孩子真正的智力水平。所以，智商高的孩子，未必就能在错综复杂的生活中独立、自如地解决一切问题。相对于智商而言，缺乏社会情感、自卑才是孩子屡屡出问题的关键。因此，我们有必要跟孩子解释清楚，不解决这些问题到底会带来多么严重的危害。

案例四

这个案例的主人公是一个年仅 8 岁半的孩子。这个案例很有参考价值，被宠坏的孩子所具有的典型特征他都有。经由这个案例，我们就会明白孩子是如何被宠坏的，而这些孩子也有更高的概率变成犯人或精神病患者。现在最要紧的问题是别再溺爱孩子。爱孩子的方式有很多，唯独溺爱和放纵不可取。在面对孩子时，我们也应该保持平等的心态，要像对待朋友那样对待他们。

"现在他面临的最大问题就是，虽然才读二年级，但每年都要留级。"

一个孩子如果连一年级都要重读，我们确实应当对他的智力水平予以怀疑。在分析案例之前，这个可能性确实应当纳入我们的考虑范围。当然，如果能确定孩子入学之初的成绩不错，成绩退步是后来才出现的，智力水平方面的因素就可以被排除了。

"他说话跟婴儿差不多。"

孩子模仿婴儿的举动往往都是有目的的，他认为这样做能得到更多的宠爱或其他的好处。能如此理性地进行判断，恰恰证明他不存在智力方面的问题。由于还没有做好上学的准备，他对学校的生活充满了厌恶，自然不会按学校设定的标准来成长。为了表达内心的不满，他对学校的一切都充满了敌意；也正是这种态度，导致他从一年级就开始留级。

"他对哥哥并不服气，有时甚至会和哥哥争吵、打架。"

由这句话我们可以得知，哥哥对他而言很像一个巨大的障碍。我们认为，他的哥哥应该成绩不错。为了证明哥哥并不能在所有方面都超过他，他能做的就是尽可能表现得坏一些。当然，他平时也会幻想自己能重新回到婴儿时期，这样说不定就可以超过哥哥了。

"他直到 22 个月时才学会走路。"

如果一个孩子到 22 个月时才学会走路，有可能是因为患有佝偻病，也有可能是因为被照顾得太周到。后来我们得知，在学会走路之前的 22 个月里，他的母亲基本和他形影不离。特别是当她发现孩子不会走路之后，原本已经非常周到的照料就变得更加细心了，对孩子也更加溺爱、纵容。可以说，这完全是由他的母亲溺爱造成的。

"他学会说话的时间比较早。"

通过这句话，我们更加确信这个孩子不存在智力方面的问题。如果一个孩子的智力发育存在障碍，最直观的表现就是说话困难。

"他的爸爸对他特别温柔。"

看得出父亲非常疼爱他，但他应该更喜欢母亲才对。他的母亲还告诉我们，她一共有两个孩子，大儿子非常聪明，两个孩子经常争吵、打架。家中的两个孩子互相竞争，这其实是一种非常普遍的现象；如果家中有好几个孩子，前两个孩子的竞争就会更加激烈。其中的原因我们在前文中分析过，新生儿的降临，会让早出生的那个孩子产生危机感，担心自己的地位可能会受到弟弟或妹妹的威胁。如果家长能对早出生的那个孩子进行良好的教育，使他具备良好的合作精神与合作能力，从容地面对新出生的孩子，这种无意义的竞争就不会发生。

"他的数学成绩不好。"

在溺爱环境中长大的孩子，数学成绩往往都不好。学习数学需要使用社会逻辑，而他们恰好缺乏这种逻辑。

"他的大脑肯定有问题。"

通过仔细观察，我们并没有发现这方面的问题。站在孩子的角度分析，我们甚至发现他的一切行为都合情合理。

"我和老师都发现，他常常有黑眼圈。我担心他可能有手淫的习惯。"

手淫的习惯大部分孩子都有。虽然包括这位母亲在内的很多人都认为，手淫会加重黑眼圈，但这两者之间其实并没有什么必然的科学联系。

"他对吃的东西特别在意。"

这充分说明他希望得到人们的关注，所以哪怕是吃饭这种机会也不放过。

"他非常怕黑。"

在溺爱中长大的孩子往往都有这种表现。

"他擅长交友，朋友很多。"

我们认为，他结交的那些所谓的朋友，很可能都是能被他支配的人。

"他非常热爱音乐。"

仔细观察做音乐的人之后我们发现，他们的外耳曲线发育得明显要比一般人好。我们同样仔细地观察了这个孩子，发现他的耳朵长得很精致，听觉也非常敏感，对和谐的旋律尤为喜爱。具备这种特性的孩子确实适合学习音乐。

"他喜欢唱歌，可惜患有耳朵方面的疾病。"

爱唱歌的人往往难以忍受日常生活中的噪声，而且有更高的概率患上耳朵方面的疾病。听觉器官的构造能受遗传影响，所以音乐天赋和耳朵方面的疾病都可以随血缘传承。通过了解，我们也确认了两点：这个孩子确实有耳朵方面的疾病，他的家族中确实也有好几个人精通音乐。

这个孩子非常依赖他的母亲，凡事都渴望得到母亲的支持和关心，几乎达到了寸步不离的地步，而他的母亲对此也毫无怨言。很显然，这个孩子完全没有独立能力，这也是影响他转变的最大障碍。要想让他变得独立，就要学会放手，随便他做什么，哪怕犯点错误也好。在对待他和他的哥哥时，母亲也要尽量做到一碗水端平，不要让任何一个孩子认为母亲的爱给得不均衡，这是消除他嫉妒心的关键。另外，帮助孩子鼓起勇气，正视并解决他在学校中遇到的问题，也很重要。

做不到以上几方面会给孩子带来怎样的影响，其实不难想象：他们难以朝着有益于社会的方向发展，也许会旷课、逃学、离家出走，甚至会和社会闲散人员拉帮结派。教育一个淘气的孩子适应学校的生活固然辛苦，但总比日后让一个少年犯改邪归正要容易得多。

学校只是一个检测孩子适应能力的场所，一个缺乏自信、社会情感和相关训练的孩子，本身就容易在学校遇到困难，所以学校也应当负起一定的责任，帮助他找回勇气，重塑信心。不过，受客观条件的制约，学校本身也不是完美的。一个班级的孩子太多，老师不可能一一照应到位，更不可能有效地激发每个孩子的信心。因此，将改变孩子的希望完全寄托于学校也不现实。案例中的孩子如果有幸遇到一位好老师，通过适当的鼓励，完全能让他重新振作，成为一名品学兼优的好孩子。

案例五

这个案例的主人公是一个10岁的女孩，她在写字和数学方面存在学习障碍，因此特地来到我们的诊所接受指导与治疗。

在溺爱环境中长大的孩子，学好数学的难度会大一些，但这并不意味着这些孩子就没有学好数学的可能，我们只是根据多年的经验推断出一个普遍的结论罢了。

我们知道，惯用左手的人在学写字时往往会遇到比较多的困难，他们早已因此养成了从右到左的习惯，所以阅读、写字时，他们都会更倾向从右到左的顺序，但这种方向上的差异并不会从本质上妨碍他们的阅读和书写。关于这一点，人们其实有诸多误解，所以才会产生"惯用左手的人读不好书、写不好字"的成见。

根据"写字有困难"的描述，我们猜测这个女孩有可能惯用左手，也可能存在其他方面的原因。如果她在纽约长大，我们也许还会考虑她有没有可能是非英语国家的移民，所以用英语表达对她来说才会困难重重。但如果她在欧洲长大，就不太会有这种可能。

"她有一段非同寻常的经历：在德国时，我们家遭遇了一次倾家荡产的危机。"

我们不知道她是什么时候从德国移民的，也许她曾经度过了一段快乐的童年，但这已经是过去的事情了。现在的境遇对她来讲就是一次考验，刚好可以看看她是否能与别人合作，看看她的社会情感、勇气等是否充足，也可以看看她是否能够接受贫穷的现状。至少从我们目前掌握的情况来看，不管是与别人合作的意识，还是其他相关方面的能力，她都有所欠缺。

"她在德国的时候，成绩还不错。离开德国的那一年，她刚好8岁。"

这说明她融入美国的生活仅仅才2年。

"由于存在语言拼写方面的困难，加上美国的教学方式与德国也存在显著的差异，因此她到美国之后的在校表现并不好。"

每个孩子都或多或少具备一些特殊性，在这一点上，老师不可能都兼顾得到。

"妈妈溺爱她，她很依赖妈妈。她也非常喜欢我。"

如果问孩子："你更喜欢父亲还是母亲？"他们往往会回答：

"都喜欢！"这其实是一个被强制灌输到孩子思想中的答案。有很多方法可以检测出孩子内心最真实的想法，最简单的一种，就是我们在与父母交谈时，让孩子坐在父母中间，孩子往往会不自觉地转向更喜欢的人。同样的，孩子走进父母的房间时，如果房里同时还有其他好几个人，孩子也会不自觉地朝自己更喜欢的人走去。

"和她年纪相仿的同性玩伴不多。8岁时和我们住在德国乡下是她最早的记忆，她依然记得那时常常一块儿玩耍的小狗，以及家中的那辆马车。"

她对过去优越的生活记忆犹新，记得草地、小狗、马车等细节，这很像一个落魄的富人，眷恋曾经拥有的汽车、马匹、豪宅、佣人等。由此可知，她对目前的生活非常不满。

"她经常做与圣诞节有关的梦，梦见圣诞老人给她送了礼物。"

梦境流露出来的内容与她在现实中的愿望是相同的。她觉得自己被剥夺了太多东西，因而渴望获得，渴望她曾拥有的那一切。

"她经常依偎在妈妈的身边。"

这是孩子在学校遭受挫折后变得不自信的典型表现。和其他孩子相比，她确实遭遇了更多困难，但只要她勤于努力、奋发向上，完全可以在学习上取得更大的进步。

"第二次来诊所时，她是一个人来的，妈妈没有陪着她。她的学习有进步，在家也能自己处理自己的事情。"

这是我们曾经告诉她的内容，不要过度依赖母亲，要独立，学会自己处理自己的事情。

"她有时会给我们做早饭。她觉得自己比以前勇敢一些了,和我们聊天也更自在、从容。"

这说明她开始学会与别人合作了。

事后,我们让她回去叫母亲一块儿过来。这位母亲之前一直忙于工作,没有时间来我们诊所。她告诉我们,这个女孩不是她亲生的,收养时,这个孩子差不多2岁了,在此之前,已经被转送了6户人家。这一切,孩子都不知情。

此时我们才知道,眼前的这个女孩,拥有曾经被人遗弃,后来又被悉心照顾的特殊经历。她的幼年非常悲惨,甚至可能遭遇了许多刻骨铭心的苦难,别看那时的她还没有意识,但其实早已在她的潜意识中留下了烙印,所以她害怕失去眼前的幸福生活。

"决定领养这个女孩时,有人建议我们要看紧这个女孩,因为她的出身实在是太糟糕了。"

说出这种话的人,受遗传学的毒害太深了。如果严加管教之后孩子还是出了问题,这种人也能继续辩解:"你看,我的话没错吧!"其实他们不知道的是,这个女孩如果真的成了问题儿童,他们也是有责任的。

"她的生母不是个好女人。"

虽然这是实话,但这番话也会让养母有压力,因为她要教育的并不是自己的亲生孩子。迫不得已时,她也不得不严厉地惩罚孩子,这个时候,在女孩看来,她的境况也不会比过去好多少。

"我是这个孩子的养父,我承认我很宠爱她,不管什么需求都会满足。她跟她妈妈的关系则没这么好。当她想从妈妈那里得到某样东西时,从来不会说'求求您'或'谢谢您'之类的话,而是会说'你又不是我妈妈'。"

孩子会这么说,有可能是知道了事情的真相,也有可能只是随口一说。之前有个20岁的男青年就怀疑自己不是他母亲亲生的,而他的养父母都确信孩子不可能知道这个真相。其实,孩子在感知细节方面往往都很敏锐,这个男青年或许只是觉察到了而已。案例中的这位养母也认为"孩子不可能知道真相",但实际上,孩子很可能已经觉察到了。

"她会对妈妈说这种话,但从来不会对我说。"

因为父亲能满足她的一切需求,她找不到机会去攻击她的父亲。

"她的成绩下降很快。妈妈无法接受她进入新学校之后的表现,于是开始频繁地惩罚孩子。"

孩子在学校已经因为糟糕的成绩羞愧、自卑不已,回家后还要因此被母亲惩罚,这确实让孩子难以接受。这两种情况中的任何一种都足以让孩子得到教训,两种惩罚同时施加,很可能给孩子造成严重的精神打击。老师也应该认真思考这个问题,因为要求把糟糕的成绩单带回家,或许就是孩子在家被惩罚的直接原因。所以,老师最好今后不要这样做。

"她在学校的情绪不太稳定,有时会突然失控、乱发脾气,做出亢奋的举动,对课堂秩序影响很大。不过,她对自己的要求还挺高,要永远得第一。"

她是家中的独生女,也习惯了从父亲那里满足一切需求的生活。弄清这些,我们就不难理解她的这种欲望了,也能明白她为什么执着于得第一。曾经,她过着有别墅、草地的富足生活,如今这些东西都不复存在,她感觉之前的优势都被剥夺了。所以,现在的她格外渴求优越感,但又没找到一种合适的表达方式,于是便选择了持续不断地制造麻烦。做出亢奋的举动是为了成为大家关注的焦点,发脾气是为了获取人们关注的目光,而不好好学习则是她故意做给母亲看的反抗行为。为了帮助她解决这些毛病,我们告诉她要学会与别人合作。

"她梦到圣诞老人给她送了许多东西,但醒来之后,她发现自己其实什么都没有。"

"曾经拥有一切,醒时一无所有",这是她的梦境想要传达的情绪,而且她的潜意识能经常将这种情绪唤醒。可别小看了这种情绪带来的影响,在梦中拥有一切,醒来后一无所有,这种落差会让人大失所望。梦境中的情绪和醒来后的情绪未必相反,也就是说,在梦中唤醒这种情绪,不见得是在唤醒拥有一切时的美好感觉,也有可能是失去一切之后的失落感。不断做这样的梦,就是为了不断体验这种失落感。

这个女孩为什么想要体验失落感?这个问题并不难回答。就像患抑郁症的人,在经历了美好的梦境之后,往往要直面与梦境截然相反的残酷现实。案例中的女孩也是一样,她认为自己的前途一片灰暗完全都是母亲造成的。她觉得自己已经一无所有了，而母亲却毫不关心，所以才会控诉道："她还打我屁股，只有爸爸才会满足我的需求！"

这时，我们可以对这个案例进行总结了。这个女孩一直在追求一种失落感，并将这种情绪的产生归咎于母亲。这其实是她对母亲的一种反抗。要想让这种反抗停止，就要让她明白，她在家里的表现、在学校的所作所为，乃至她会持续不断地做同一种梦，都与她养成的不良生活风格有关，其中最主要的因素，就是她来美国的时间不长，无法熟练地使用英语与身边的人交流。

我们要让这个女孩明白，拿她面临的这些困难来难为母亲是错误的行为，这些困难并不可怕，稍微努把力，她自己完全可以克服。当然，我们也要告诉她的母亲，只要她不再责罚孩子，孩子也就失去了反抗的借口。与此同时，我们还要让这个女孩明白，她无法集中注意力、无法自控、喜欢乱发脾气，都是因为她想故意给母亲制造麻烦。意识到这一点之后，她的这些不良举动就会自行停止；否则，她的性格很难有根本性的改变。

通过这本书的解释，我们对心理学到底是什么有了或多或少的认知——心理学就是为了弄清楚，人究竟是怎样运用自身已形成的印象和经验的。说得更直白些，心理学就是想知道人的行为与认知之间到底有什么关联，比如，人们会怎样看待刺激，面临刺激时会有怎样的反应，又是如何借用这些刺激与反应来实现个人目标的。